So genießt Südtirol

Heinrich Gasteiger
Gerhard Wieser
Helmut Bachmann

33 X Marille

ATHESIA VERLAG

LIEBE LESERIN, LIEBER LESER!

Wir freuen uns, dass Sie sich für ein Buch der »So genießt Südtirol«-Kochbuchreihe entschieden haben. Um in Zukunft noch besser auf Ihre Wünsche eingehen zu können, ist uns Ihre Meinung wichtig. Bitte senden Sie uns Ihre Anregungen, Ihre Kritik, Ihr Lob und auch Ihre Fragen zu unseren Büchern. Wir freuen uns auf Ihre Nachricht!

info@so-kocht-suedtirol.it · www.so-kocht-suedtirol.it · Fax +39 0471 081079

www.facebook.com/sokochtsuedtirol

BIBLIOGRAFISCHE INFORMATION DER DEUTSCHEN NATIONALBIBLIOTHEK

Die Deutsche Nationalbibliothek verzeichnet diese Publikation in der Deutschen Nationalbibliografie; detaillierte bibliografische Daten sind im Internet abrufbar: http://dnb.d-nb.de

UMSCHLAGBILDER

Rückseite: Marillencremeeis mit Ingwermarillen · Marillenbögen mit Topfenfüllung

BILDNACHWEIS

effekt!: Seite 9 unten
fotolia©: fotoknips (6 oben), atoss (7 oben, 11 unten), 5second (9 oben), Pavlo Vakhrushev (10 links), Nitr (10 rechts), posh (12), M.studio (13 oben rechts), Brent Hofacker (14 oben links), pilipphoto (14 unten links), mRGB (14 unten rechts), elisasbilly (16), yuliiaholovchenko (17 oben), 5ph (17 unten), ilietus (19)
Kathrin Hauser: Seite 18/19
Karl Newedel: Titelbild
Josef Pernter: Seite 15
Venustis: Seite 8 oben links und Mitte
VI.P: Seite 7 unten, 8 oben rechts und unten, 11 oben
Alle übrigen Aufnahmen stammen von Günther Pichler, Eggen, www.gpichler.com

IMPRESSUM
August 2017

Weintext: Christine Mayr
Lektorat und Korrektorat: Kathrin Kötz
Umschlaggestaltung: ganeshGraphics, Lana
Design & Layout: Athesia-Tappeiner Verlag
Druck: Athesia Druck, Bozen

ISBN 978-88-6839-278-9

www.athesiabuch.it
buchverlag@athesia.it

designed + produced
IN SÜDTIROL

Einfach QR-Code scannen und auf unserer Internetseite informieren.

Ein Gruß aus der Genießerküche

Marillen, wie die Aprikosen bei uns genannt werden, sind neben Pfirsichen und Nektarinen klassische Sommerfrüchte. Alle drei Sorten gehören zum Steinobst und finden wegen ihrer Saftigkeit und ihrer Aromenvielfalt immer mehr Liebhaber. Besonders beliebt ist die Marille, da man das saftige Früchtchen mit einem Bissen – und damit ohne Kleckergefahr – verspeisen kann.
Doch Marille ist nicht gleich Marille. Die verschiedenen Sorten unterscheiden sich nicht nur in ihrem Aroma und in ihrem Duft, der manchmal an Vanille erinnert – oder an Mango bzw. Muskat –, sondern auch in ihrer Erntezeit. Dank der Sortenfülle haben Marillen bei uns von Mai bis September Saison. In dieser Zeit bekommen Sie die leckeren Früchte ganz frisch aus heimischem Anbau.
In diesem Buch stellen wir Ihnen unsere Lieblingsrezepte mit der Sommerfrucht vor. Dabei haben wir uns natürlich nicht nur auf die Klassiker beschränkt, sondern auch ungewöhnlichere Kombinationen zusammengetragen.
Wohl niemand kann einem Dessert oder einem Kuchen mit Marillen widerstehen. Deshalb finden Sie hier natürlich eine Vielzahl an süßen Rezeptideen.

Besonders ans Herz legen wollen wir Ihnen aber die herzhaften Speisen mit Marillen. Sie werden überrascht sein, wie dieses schmackhafte Obst die Gerichte bereichert. Im Kapitel »Wissenswertes« haben wir für Sie allerlei Informationen zum Thema gesammelt. Hier erfahren Sie, weshalb man Marillen als Karotten des Obstgartens bezeichnet bzw. welche gesundheitsfördernden Stoffe in den Früchten stecken. Abgerundet wird dieses Buch durch die Schritt-für-Schritt Anleitungen, die Ihnen das Kochen erleichtern sollen.
Wir wünschen Ihnen viel Freude beim Ausprobieren unserer Rezepte und gutes Gelingen!

Helmut Bachmann Heinrich Gasteiger Gerhard Wieser

Inhalt

Beliebt und gesund

Aprikosen, in Südtirol, Österreich und in Teilen Bayerns auch Marillen genannt, sind ein bei Jung und Alt sehr beliebtes Obst. Sie sind nicht nur lecker, sondern auch unglaublich gesund. Während Aprikosen im alten China als Symbol weiblicher Schönheit galten bzw. für den Kinderwunsch standen, hielt man die Marille in Europa für ein Aphrodisiakum. Als solches taucht die kleine Frucht auch in der Weltliteratur auf, zum Beispiel in Shakespeares »Sommernachtstraum«, wo die mit dem Liebesbann verzauberte Elfenkönigin versucht, das Herz ihres Angebeteten mit Marillen zu erobern.

Die Steinfrüchte haben von Ende Mai bis September Saison. Auch wenn sie dann in jedem Supermarkt angeboten werden, lohnt es sich, nach regionalen Produzenten Ausschau zu halten. Dort bekommen Sie die vollreifen Früchte wirklich direkt vom Baum. Der Geschmack von Marillen ist sehr vielseitig, fast ein wenig exotisch. Je nach Sorte duften sie beispielsweise nach Vanille, Gras oder Muskat.

Da Marillen sehr empfindlich sind und nicht lange gelagert werden können, sollten Sie sie im Sommer ausgiebig genießen. Wer die Saison etwas verlängern will, kann die saftigen Früchte einkochen, einlegen oder einfrieren.

Dank ihrer herrlichen Süße und der praktischen Größe sind Marillen die ideale Zwischenmahlzeit und lassen sich überallhin

Wunderbar »marillige« Mitbringsel für Genießer – Marmelade und Kompott

MARILLE ODER APRIKOSE?

Wie kommt es, dass es für die orangen Früchtchen zwei verschiedene Namen gibt? Der hochdeutsche Name **Aprikose** kommt vom altgriechischen Wort *prekokkia* bzw. vom arabischen Begriff *al-barqūq* und bedeutet »früh reif«. In den romanischen Sprachen wurde daraus:

- *albricoque* (portugiesisch),
- *albaricoque* (spanisch),
- *abricot* (französisch),
- *albicocca* (italienisch).

Die Bezeichnung **Marille** leitet sich vom lateinischen Namen des Baumes ab und wurde später zu armellino bzw. *Marille*.

mitnehmen. Da sie nicht so saftig sind wie Pfirsiche oder Nektarinen, kann man auch gefahrlos hineinbeißen, ohne sich zu bekleckern.

Marillen können aber nicht nur roh verzehrt werden, sondern sie finden in vielfältigen Gerichten Verwendung.

- Sehr beliebt ist beispielsweise **Marillenmarmelade,** die zum Füllen von Faschingskrapfen oder zur Herstellung von Sachertorte genutzt wird.
- Hochprozentig veredelt, ergibt die Marille einen hervorragenden **Marillenbrand, Marillenlikör** oder **Marillenpunch.**
- Und ein Klassiker der Südtiroler Küche sind **mit Marillen gefüllte Knödel,** die Sie unbedingt probieren sollten.
- Die mandelförmigen Samen, die sich in den Aprikosensteinen befinden, werden wegen ihres starken Bittermandelgeschmacks bei der Produktion von **Amaretto** und **Persipan** verwendet.

Herkunft und Anbau

Der Aprikosenbaum *(Prunus armeniaca)* gehört zur Familie der Rosengewächse und wächst heute in vielen wärmeren Regionen Europas. Ursprünglich stammt er wohl aus dem nördlichen China, von wo er sich im ersten Jahrtausend vor Christi Geburt über Vorder- und Mittelasien nach Armenien

Südtiroler Klassiker: Marillenknödel mit Kartoffelteig

MARILLEN – AUSSEHEN

Die Früchte sind dunkelgelb bis orange und haben auf der Seite, die der Sonne zugewandt ist, ein rotes Bäckchen. Ihre Schale ist meist glatt, kann aber auch mit einem feinen Flaum bedeckt sein.

Marillen sind klimakterische Früchte, das heißt, sie reifen nach der Ernte noch etwas nach. Ihr Fruchtfleisch ist saftig und aromatisch.

und Syrien ausbreitete. Alexander der Große brachte den Baum im Zuge seiner Eroberungen nach Kleinasien und Griechenland. Doch erst mit den Römern kam die aromatische Frucht ab etwa 70 v. Chr. von Anatolien nach ganz Europa.
Schon vor etwa 4000 Jahren waren in China zahlreiche Sorten bekannt. Die Vielfalt reicht von klein bis groß, von säuerlich bis süß und von früh bis spät reifend. Allen Sorten gemeinsam ist, dass sie warme, trockene Regionen und sandige Böden lieben bzw. sehr frostanfällig sind.

Das größte Marillen-Anbaugebiet

Der größte Produzent von Marillen ist die Türkei. Schon Mitte des 16. Jahrhunderts legten die Türken in der ungarischen Tiefebene riesige Aprikosenplantagen an. Heute stammen etwa 95 Prozent der in Europa verkauften getrockneten Aprikosen aus dem türkischen Anbaugebiet Malatya.

Marillen im Alpenraum

Ideale Standortbedingungen findet der Aprikosenbaum nicht nur im Mittelmeerraum (Türkei, Spanien, Italien), sondern auch in Südtirol.
Der Vinschgau ist neben der österreichischen Region Wachau und dem Schweizer Kanton Wallis eines der nördlichsten europäischen Marillenanbaugebiete.
Hier gibt es viel Sonne, wenig Regen, sandige Bergböden und große Temperaturschwankungen zwischen Tag und Nacht, sodass die Früchte besonders gut gedeihen und ihre typische Farbe sowie ihren charakteristischen Geschmack ausbilden können.

QUALITÄTSSIEGEL

Die von den Vinschger Bauern geernteten Marillen tragen seit 2006 das Qualitätssiegel und kommen unter der Bezeichnung Marillen aus dem Vinschgau auf den Markt.

Marillenbäume brauchen viel Licht und Sonne. Im Vinschgau wachsen sie auf einer Höhe von 500 bis 1250 m.

MARILLEN IM VINSCHGAU

Vinschger Marille

Goldrich

Orangered

Der erwerbsmäßige Anbau von Marillen begann im Vinschgau Ende des 19. Jahrhunderts. Man stützte sich dabei auf die Lokalsorte, die in Geschmack und Aroma unübertroffen ist. Wegen ihrer begrenzten Transportfähigkeit – sie ist sehr druckempfindlich – wird sie vor allem regional vermarktet.
Zum Erscheinungsbild der Vinschger Landschaft gehören sowohl alte Marillenbestände als auch Neuanpflanzungen. Die Bäume wachsen zwischen **Naturns, Kastelbell, Schlanders** und dem **Vinschgauer Oberland** auf einer Höhe zwischen 500 und 1250 m und obwohl die Bauern heute moderne Anbaumethoden anwenden, ist die Arbeit in den Marillenfeldern noch immer von Handarbeit geprägt.
Im Vinschgau werden hauptsächlich drei Marillensorten angebaut, die sich durch unterschiedliche Eigenschaften auszeichnen.

Vinschger Marille

Die Vinschger Marille ist gelblich orange und hat eine ideale Größe.
Sie ist zwar nicht besonders lagerfähig, aber wegen ihres ausgezeichneten Geschmacks bestens für **Marmelade, Saft** und **Schnaps** geeignet.

Goldrich

Die Goldrich trägt große ovale, feste, saftige Früchte.
Sie sind kräftig orange mit roten Bäckchen. Man kann diese Marillen etwa fünf Tage lagern.
Die Früchte eignen sich sowohl für den sofortigen Verzehr als auch für **Kompott** oder zur **Saftherstellung.**

Orangered

Dies ist eine Marille mit relativ großen Früchten. Die glattschalige Frucht hat eine sehr schöne leuchtende orange Farbe mit roter Backe. Das Fruchtfleisch ist orange, fest, mit einem intensiven Aroma, gut steinlöslich und wird beim Weichwerden saftig. Der Geschmack ist süß und würzig und enthält wenig Säure. Das intensive Aroma der Marille schmeckt ausgewogen und angenehm. Orangered eignet sich als **Tafelobst, für Mus, Kompott, zum Einkochen, für Kuchen, Desserts, Saft, Wein** und **Obstbrand.**

Marillen aus dem Unterland

In Südtirol sind aber nicht nur die Vinschger Marillen zu nennen. In Montan, im Südtiroler Unterland, werden in jüngster Zeit ebenfalls Marillen kultiviert und unter dem Namen **Marillu** vertrieben. Angebaut werden insgesamt **fünf verschiedene Sorten:** säuerliche bis ganz süße und sogar eine rote Marille mit rotem Fruchtfleisch. Wegen des großen Sortenspiegels beginnt die Ernte bereits im Juni und dauert bis Mitte August.
Im Gegensatz zu den Vinschger Marillen werden die Marillenbäume in Montan in Reihen als Spalierbäume gezogen, was eine besondere Schnittform bedingt. Die sehr aromatischen orangen Früchte haben ein rotes Bäckchen und sind zum **Einfach-so-Essen,** zum **Backen, Konservieren** oder zum **Marmeladekochen** bestens geeignet. Die rote Sorte wird besonders gerne von der Hotellerie genommen und zu Marmelade verarbeitet.

In Montan wird eine besondere Marillensorte kultiviert: die rote Marille – Marillu.

Die Wachauer Marille wurde wegen ihres einzigartigen Geschmacks von der EU unter den Schutz einer »Geschützten Ursprungsbezeichnung« gestellt.

Die Wachauer Marille

Die Wachauer Marille wurde von der Europäischen Union mit dem Siegel »Geschützte Ursprungsbezeichnung« versehen, da sie wegen des Zusammentreffens mehrerer klimatischer Bedingungen (Nähe zur Donau und Einfluss des Waldviertels) ein einzigartiges und unvergleichliches Aroma besitzt. In Niederösterreich wird die Marille mit einem spitz zulaufenden Weidenkorb geerntet, damit die Früchte keine Druckstellen bekommen.

Walliser Aprikosen

Die ersten Aprikosenbäume wurden 1838 im Schweizer Kanton Wallis angepflanzt. Heute kommen etwa 98 Prozent der in der Schweiz verkauften Marillen aus diesem Gebiet. Ihr intensives Aroma verdankt die Frucht dem warmen, sandigen Boden des Rhonetals, dem Gletscherwasser, das zur Bewässerung herangezogen wird, und dem idealen Mikroklima. Bis 1990 wurde ausschließlich die Sorte **Luizet** angebaut, aus der auch der berühmte Edelbrand Abricotine hergestellt wird.

Marmor und Marillen in Laas

Das Fest **Marmor & Marillen** ist keine rein kulinarische Angelegenheit, sondern ein **Kulturfest,** bei dem die Marille nur einer der Hauptakteure ist. Der andere ist der Marmor. Laaser Marmor ist weltbekannt und schmückt zahlreiche Prunkbauten im In- und Ausland, zum Beispiel in Rom, Wien, New York oder Abu Dhabi.
Auf dem Straßenfest kann man zahlreiche Marillenkreationen verkosten und Künstlern bei der Bearbeitung des Marmors über die Schulter schauen. Es findet alljährlich am ersten Augustwochenende statt, also genau zur Zeit der Marillenernte.

VINSCHGER VARIATIONEN

Im Vinschgau ist man sehr erfinderisch, wenn es um die Verarbeitung von Marillen geht.
Probieren Sie unbedingt:

- Vinschger Marillenessig
- Marillensenf
- Schokolade und Pralinen mit Marillen (z. B. Laaser Marmorwürfel, Südtiroler Bergpralinen mit Vinschger Marillen, Vinschgauer Marillenschokolade, Fruchtgelee im Schokoladenmantel)
- Marillenbrand

Eigentlich müsste man Marillen in der Apotheke kaufen! Weil sie so viele Vitamine, Mineral- und Ballaststoffe enthalten wie kaum ein anderes Obst, sind sie unglaublich gesundheitsfördernd.

Gesundheitsfördernde Inhaltsstoffe

Marillen sind nicht nur lecker, sondern auch gesund: Sie helfen Müdigkeit zu bekämpfen, lassen die Haut rosig strahlen, kräftigen Haare und Nägel, lindern Asthma-Beschwerden, stärken die Schleimhäute und verbessern die Stimmung und Konzentrationsfähigkeit.

- Die kleinen sonnengereiften Früchte sind exzellente **Vitaminspender.** Sie enthalten alle wichtigen Vitamine – neben **Vitamin C** und **E,** die **Vitamine B1** bis **B6** und die Vitamin-Vorstufe **Betakarotin.** Auch die Mineralstoffe **Kalium, Calcium, Phosphor** und **Eisen** besitzt die Frucht in so hohem Maße wie kaum ein anderes Obst.
- Vor allem der hohe Anteil an sogenannten **Karotinen** macht Marillen zu ganz besonderen Früchten. Diese Stoffe wirken sich nicht nur positiv auf die Sehkraft aus, sondern helfen bei der Vorbeugung von Tumorerkrankungen, bekämpfen Ablagerungen in den Arterien, stärken – ebenso wie Vitamin C – das Immunsystem und schützen die Haut vor schädlicher UV-Strahlung.

- Das in den Früchten enthaltene Vitamin B5 stärkt die Nerven und Folsäure wirkt positiv auf die Erneuerung von Blut und Zellen. Dank ihres großen Ballaststoffanteils fördern Marillen die Verdauung und sind wegen des geringen Säureanteils gut bekömmlich.

Die zarten Marillenblüten sind sehr empfindlich und vertragen keinen Frost. Ihr Duft ist so betörend, dass er auch in vielen Kosmetikprodukten zu finden ist.

Verwendung in Kosmetika und in der Alternativmedizin

Die Kosmetikindustrie verwendet Aprikosenkernöl wegen seines neutralen Geruchs und seiner guten Haltbarkeit gern als Grundlage für die Produktion von Hautpflegemitteln.
Viele Salben, Cremes und Shampoos enthalten Aprikosenkernöl aber auch, weil es bei empfindlicher, trockener Haut hilft und die Haare kräftigt. Es macht die Haut weich, strafft das Gewebe und fördert die Erneuerung der Zellen, da es tief in die Hautschichten eindringt.
After-Sun-Produkte nutzen die Inhaltsstoffe der Aprikose, um die Haut vor schädlicher UV-Strahlung zu schützen.
In der Alternativmedizin wird der in den Aprikosenkernen enthaltene Stoff Amygdalin (Blausäure) als Anti-Krebs-Mittel verwendet. Allerdings ist die Wirkung nicht wissenschaftlich nachgewiesen.
Man sollte bei der Verwendung von Aprikosenkernen sehr vorsichtig sein, denn sie enthalten giftige Blausäure. Wenn der Körper zu viel von diesem Stoff aufnimmt, kann es zu schweren Vergiftungserscheinungen kommen!

Aprikosenöl wird aus den Kernen gewonnen und pflegt in Shampoos, Cremen und Seifen Haut und Haare.

Zum Einkauf von Marillen

Beim Einkauf von Marillen bzw. Aprikosen sollten Sie nicht nur auf die Farbe schauen! Sie ist nämlich kein Hinweis auf den Reifegrad, sondern hängt von der Sorte ab. Daher sind manche Früchte heller, andere dunkler. Selbst grünliche Marillen können reif sein, nämlich, wenn sie auf der Schattenseite des Baumes gewachsen sind.
Achten Sie aber unbedingt auf die Haut und das Aroma. Frische Früchte duften aromatisch und haben eine glatte Schale. Ist die Haut dagegen runzelig, handelt es sich um ältere Ware. Lassen Sie diese lieber liegen.

Beim Einkauf auf Bauernmärkten hat man die Gewähr, frische und reife Ware zu bekommen. Außerdem punkten regionale Sorten mit einem besonderen Geschmack. Supermarktware schmeckt oft mehlig, weil die Marillen unreif geerntet werden, damit sie auch nach langen Transportwegen noch gut aussehen.

Mit einem leichten Fingerdruck können Sie den Reifegrad prüfen. Gibt die Schale nach, heißt das, die Frucht ist perfekt reif. Außerdem lässt sich bei reifen Früchten der Stein einfach vom Fruchtfleisch lösen.

Einkaufstipps

- Kaufen Sie nur reife Früchte! Selbst wenn Marillen nach der Ernte noch etwas nachreifen, werden zu früh geerntete Früchte nie richtig süß und aromatisch schmecken. Im Gegenteil: Sie sind sauer, mehlig und trocken. Und auch bei überreifen Früchten ist das Fruchtfleisch mehlig. Marillen sollten möglichst bald nach dem Einkauf verzehrt oder verarbeitet werden. Sie sind nicht besonders lagerfähig und werden schnell schrumpelig.
- Falls Sie doch einmal einige Marillen bis zum nächsten Tag aufbewahren wollen, legen Sie sie in einer Papiertüte ins Gemüsefach.
- Kaufen Sie am besten Marillen aus **regionalem Anbau.** Die haben den kürzesten Weg und werden reif gepflückt. Bei Importware, die lange unterwegs ist, kann es passieren, dass die Früchte mehlig und ohne Geschmack sind, obwohl sie makellos aussehen. Sie können diese Früchte aber noch zum Backen oder Kochen verwenden.

GUT ZU WISSEN

Wenn Sie doch einmal Früchte gekauft haben, die **nicht genügend reif sind,** dann legen Sie diese etwa ein bis zwei Tage in den Kühlschrank. Nehmen Sie am Morgen so viele Marillen heraus, wie Sie am Abend essen möchten. Durch den Temperaturunterschied werden die Säuren schneller in Zucker umgewandelt und die Marillen süßer.

Südtiroler Marillen

Die in Südtirol mit dem Qualitätszeichen verkauften Marillen müssen strenge Voraussetzungen erfüllen:

- Sie müssen makellos (ohne Verschorfungen),
- mit der Hand gepflückt,
- richtig reif und
- von einheitlicher Farbe sein.

Das Qualitätszeichen und die einheitliche Verpackung garantieren dem Konsumenten, dass er auch wirklich Vinschger Marillen bekommt:

- schwarzer Karton = erste Qualität,
- weißer Karton = zweite Qualität.

Seit 2007 arbeiten die Vinschauger Genossenschaften (VI.P) bei der Vermarktung der Marillen noch enger zusammen und veredeln einen Teil der Ernte zu Marillenmarmelade, die ebenso wie die frischen Marillen in den Verkaufsstellen erhältlich ist.

Konservieren von Marillen

Marillen kann man nicht lange lagern. Am besten schmecken die Früchte ganz frisch. Aber wer die Saison doch ein wenig verlängern will, der kann die süßen Früchtchen durch Konservieren haltbar machen.

Ob Nektar, Saft oder Sirup – man kann Marillen auch in flüssiger Form konservieren.

TIPPS ZUR VERARBEITUNG

- Eine Marille zu halbieren, ist nicht schwer. Man schneidet einfach an der Naht entlang, die über die ganze Frucht verläuft.
- Mit einer leichten Drehung lässt sich der Kern meist problemlos herauslösen.
- Für die Verwendung der Marille in der feinen Küche oder auch für die Herstellung von Marmeladen können Sie die Früchte häuten. Dazu übergießen Sie die Marillen mit kochendem Wasser, schrecken sie anschließend in Eiswasser ab und ziehen die Haut mit einem kleinen Messer einfach von den Früchten.

Marillen lassen sich nicht nur pur zu Marmelade verarbeiten, sondern sie schmecken auch in Kombination mit anderen Obstsorten, z. B. Erdbeeren, Brombeeren, Johannisbeeren, Schwarzbeeren und Gewürzen wie Ingwer usw. Probieren Sie es einfach aus!

Einfrieren

Eine Möglichkeit ist das Einfrieren. Schneiden Sie dazu die Marillen an der Naht entlang mit einem scharfen Messer auf, entfernen Sie den Stein und legen Sie sie mit der Schnittfläche auf ein flaches Blech, um sie so anzufrieren. Die vorgefrosteten Marillen können Sie anschließend in Gefrierbeutel geben und etwa neun Monate in der Tiefkühltruhe aufbewahren.

Einkochen

Durch Einkochen (als Kompott, Marmelade oder Chutney) können Sie die Marillen sogar bis zu einem Jahr aufbewahren, ehe sich ein Qualitätsverlust einstellt.

Gedörrte Marillen – ein gesunder Snack nach dem Sport oder eine Alternative zu Schokolade

Dörren

Eine weitere Konservierungsart ist das Dörren bzw. Trocknen. Das geht am besten mit einem Dörrapparat. Getrocknete Aprikosen gibt es auch im Handel. Man unterscheidet hier zwischen **geschwefelten** und **ungeschwefelten Sorten.** Auch wenn die nicht geschwefelten Marillen dunkler und vielleicht etwas unansehnlicher aussehen, sind sie jedoch gesünder als die geschwefelten.

Ob frisch oder gekocht – Marillen sind immer ein Genuss

- Manche mögen Marillen am liebsten frisch vom Baum, andere schwören auf Marillen in Desserts und wieder andere essen sie gerne im Salat, weil sie dort für eine leicht säuerliche Note sorgen.
- Getrocknete Aprikosen sind der **ideale Snack** – sie geben schnell neue Energie.
- Pürierte Marillen und **Marillensaft** eignen sich hervorragend für erfrischende Drinks und **Smoothies.**
- Marillen sorgen auch im Aperitif für eine erfrischende Abwechslung wie z. B. der »Mary« (Marillen-Hugo mit Prosecco).
- Doch Marillen können noch mehr. Im Hauptgericht schmecken sie gut zu **Wild, Geflügel** oder **Schweinsbraten** und als Marmelade krönen sie jeden Frühstückstisch.
- Apropos Marmelade: Marillenmarmelade darf sie nur heißen, wenn sie in Österreich hergestellt wurde, überall sonst spricht man – gemäß EU-Recht – von **Marillen-** oder **Aprikosenkonfitüre** bzw. **-fruchtaufstrich.**

Mürbeteiggebäck mit frischem Obst

Der Klassiker: die Sachertorte – gefüllt mit Marillenmarmelade.

WAS PASST ZU MARILLEN

- **Kräuter:** Zitronenverbene, Melisse, Lavendel, Rosmarin
- **Milchprodukte:** Topfen (Quark), Sahne, Butter, Joghurt, Käse (z. B. Ziegenkäse)
- **Früchte:** Himbeeren, Zitrone
- **Gewürze:** Ingwer, Senf, Zimt, Curry
- **Anderes:** Mohn, Mandeln, Nüsse, Pistazien, Schokolade, Nougat
- **Fleisch:** Geflügel, Lamm, Schwein, Wild (z. B. Reh)
- **Gemüse:** Fenchel, Mangold, Tomaten

- Aprikosen haben eine große Affinität zu **Milchprodukten** und anderen fruchtig-blumigen Aromen. Kombinieren Sie gereifte **Käsesorten** mit getrockneten Aprikosen; frische Marillen harmonieren sehr gut mit jungem Käse.
- Die Verbindung von Aprikose und Schwein ist einfach himmlisch. Probieren Sie zu einer **Schweinswurst** einfach einmal einen **Marillensenf** aus dem Vinschgau!

Marillenknödel

Marillenknödel zählen zu den **Klassikern der Südtiroler Küche.** Aus einem Teig werden kleine Knödel geformt und mit einer entsteinten Marille gefüllt. Oft wird der Stein durch ein Stück Würfelzucker oder etwas Marzipanrohmasse ersetzt. Nach dem Kochen werden die Knödel in gerösteten Semmelbröseln gewälzt, mit brauner Butter beträufelt und mit Zimtzucker oder Mohn bestreut.

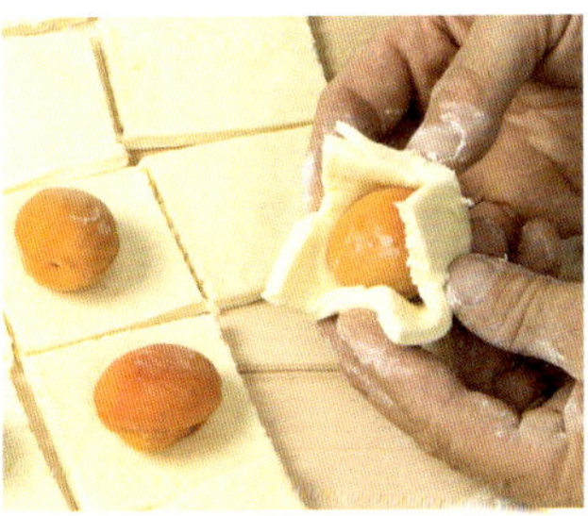

Entsteinte Marillen gut mit dem Teig umwickeln.

Gekochte Knödel in einer Mischung aus Zimt, Zucker und in Butter angerösteten Brotbröseln wälzen.

Servieren Sie die Marillenknödel mit Vanillesauce.

Ob man einen säuerlichen **Topfenteig** verwendet oder **Kartoffelteig,** das ist Geschmackssache.

DIE MARILLE IN DER WEINSPRACHE

Weil die Aromatik der Marille so unverwechselbar ist, hat sie auch Eingang in das Vokabular zur Weinbeschreibung gefunden. So wird der Vergleich mit der Aprikose gerne zur Beschreibung der Aromen von Weißweinen herangezogen, zum Beispiel von Riesling, Gewürztraminer oder Grünem Veltliner.

Marillen und Wein

Marillen enthalten, wie andere Früchte auch, relativ viel Säure. Das macht die Suche nach einem passenden Wein nicht gerade einfach.
Wenn die Marillen mit Ziegenkäse, Gorgonzola oder in einem Salat gereicht werden, wird die Sache noch komplexer, da sich hier Salzigkeit, Säuren und Bitterkeit addieren. Deshalb muss der Wein, der zu diesen Gerichten gereicht werden soll, eine gewisse Weichheit aufweisen. Sehr gut passen würden daher ein **Muskateller** oder **Gewürztraminer** mit großer Restsüße, aber auch ein cremig gereifter **Chardonnay,** ein im Barrique ausgebauter **Viognier,** ein **Orangewein** mit geringer Säure, ein **Veltliner Smaragd** oder ein üppiger **Pinot Gris.**
Will man auf Bier ausweichen, sollte man die Auswahl auf nicht zu saure oder bittere Biere beschränken – das können zum Beispiel ein **Forst Sixtus, Brown Ale, Honey Lager** oder **Helle Bockbiere** sein.
Serviert man die Marillen zu Fleisch, etwa zu Schweinsfilet oder Rehrücken, kann sich der Wein nach dem Fleisch und der Sauce richten. So harmoniert beim Schwein ein kräftiger, abgerundeter **Blauburgunder** oder ein **Blaufränkischer.** Bei Wild darf der Wein auch gerne strukturierter sein. Wie wäre es mit einem samtigen **Merlot** oder einem Rotwein aus getrockneten Beeren?
Einfacher ist die Wahl bei Desserts und Kuchen mit Marillen. Hier greift man zu einem weißen **Strohwein** oder einer **Trockenbeerenauslese** mit ordentlich viel Restzucker. Diese Weine können aus Gewürztraminer oder Muskateller gekeltert sein. Sehr gut vertragen sich leichtere Gerichte auch mit einem süßen Schaumwein, zum Beispiel einem **Sekt** aus der **Muskateller Traube.**
Wer lieber Bier trinkt, dem sei ein **Imperial Stout,** ein **Sweet Stout,** ein **American Brown** oder ein dunkler **Doppelbock** empfohlen.

Ein süßer Schaumwein passt sehr gut zu Marillen.

Smoothies, Saft & Co

Marmelade, Kuchen oder Kompott aus Marillen kennt wohl jeder. Weniger bekannt ist, dass man aus den Früchten auch einen fruchtig, frischen Saft oder sogar Sirup machen kann.

Marillensaft

Zur Herstellung von Marillensaft braucht es nicht unbedingt einen Entsafter. Man kann auch **1 kg entsteinte und halbierte Früchte mit 2 l Wasser, 300 g Zucker und 50 ml Zitronensaft** so lange kochen, bis die Marillen weich sind. Alles im Mixer fein pürieren und durch ein Sieb oder Leinentuch pressen. Den gewonnenen Saft noch einmal aufkochen, heiß in Flaschen abfüllen und gut verschließen. Für zusätzlichen Geschmack kann man noch verschiedene Kräuter mitkochen, z. B. Waldmeister, Minze, Melisse, Zitronengras oder Ingwer.

Bei Smoothies wird die ganze Frucht verarbeitet. Damit das Getränk schön cremig wird, werden Milchprodukte oder Kokosmilch mit dem Fruchtmark vermischt.

Ein Joghurt mit frischen Marillen ist nicht nur ein schnelles Dessert, sondern auch eine gesunde Alternative zum Frühstück.

Mit Mineralwasser aufgespritzt, lässt sich aus Marillensaft an heißen Sommertagen ein wunderbar erfrischender **Durstlöscher** zaubern oder mit etwas Rum und Eiswürfeln ein **Cocktail** für laue Sommernächte. Außerdem kann man mit ihm Joghurt und Buttermilch verfeinern und so den Milchprodukten noch einen zusätzlichen gesun den Kick verleihen.

Marillen-Smoothies

Sie sind eine gute Idee für Frühstücksmuffel, schnell gemacht und versorgen den Körper mit gesunder Energie und einer tüchtigen Portion Vitamine. Die Marillen werden dazu – allein oder zusammen mit anderem Obst – mit etwas Flüssigkeit einfach im Standmixer püriert. Statt Wasser kann man – je nach Geschmack – auch Kokoswasser oder Joghurt verwenden, die den Smoothie schön cremig machen. Für das Sättigungsgefühl oder auch Süße sorgen Mandeln, Honig bzw. Chia- oder Leinsamen.

Lassen Sie sich ins Reich der Marillen aus dem Vinschgau entführen

LAAS liegt in Südtirol, inmitten des sonnigen Vinschgaus, umrahmt von den Zentralalpen und den Gletschern der Ortlergruppe. Die Wärme des Sonnenberges, die trockene Luft und die Kühle der Abende, lassen die aromatischen Vinschger Marillen, aber auch Erdbeeren, Palabirnen und Äpfel, vorzüglich gedeihen. Den weißen **MARMOR,** an den Felswänden des Laaser Tales sichtbar, holen die Bergarbeiter aus den Stollen des Jennmassivs und bringen ihn umweltschonend mit der legendären Schrägbahn in das Dorf. Weiß leuchten die Rohblöcke, die beim Bahnhof gelagert, im Marmorwerk der **»LASA MARMO«** zu Platten verarbeitet und weltweit versandt werden. Der Laaser

Marmor schmückt viele Städte der Welt, am schönsten strahlt er im Ground Zero der U-Bahn Station in New York und an der Kuppel der Moschee von Abu Dhabi. Der Laaser Marmor und die Vinschger Marillen sind die Namensgeber des beliebten Kulturfestes **MARMOR&MARILLEN,** das alljährlich am ersten Wochenende im August stattfindet. Wer zusehen will, wie eine Statue aus Marmor gemeißelt wird oder wer gerne Marillengerichte verkostet, kann bequem mit dem Zug oder sportlich mit dem Rad nach Laas fahren, das Dorf erkunden, Menschen begegnen, Ausstellungen besuchen, Kultur erleben oder eine Marmorführung mitmachen. Naturliebhaber schätzen die Artenvielfalt des Vinschgauer Sonnenberges und die blumigen Almen im Nationalpark Stilfser Joch.

Marillenmuffins mit Zitronenglasur

Für etwa 10 Stück

Muffins

2	Eier
1	Eigelb
90 g	Zucker
½ Pkg.	Vanillezucker
1 Prise	Salz
50 g	zerlassene Butter
2 EL	Öl
120 g	Mehl
1 Msp.	Zitronenschale, gerieben
1 Pkg.	Backpulver
150 g	Marillen, in kleine Würfeln geschnitten

Zitronenglasur

100 g	Staubzucker
1 EL	Zitronensaft
½ TL	Zitronenschale, fein gerieben

Weiteres

	Butter zum Ausstreichen der Formen
	Mehl zum Bestauben der Formen
1 TL	Zitronenschale, gerieben, zum Garnieren

etwa 180 Grad
etwa 20 Minuten

etwa 200 Grad
etwa 25 Minuten

Muffins

- Eier, Eigelb, Zucker, Vanillezucker und Salz mit dem Schneebesen kalt aufschlagen.
- Zerlassene Butter und Öl zugeben.
- Mehl, geriebene Zitronenschale und Backpulver mit einem Holzlöffel unterheben.
- Marillen untermischen, den Teig in die gebutterten und bemehlten Formen füllen und im vorgeheizten Backofen backen.

Zitronenglasur

- Staubzucker mit Zitronensaft und -schale verrühren.

Fertigstellung

- Die Muffins auskühlen lassen, aus der Form lösen und mit Zitronenglasur bestreichen. Mit Zitronenschale garnieren und servieren.

TIPPS

1. *Sie können in die Muffinmasse auch 1 Esslöffel Hafer- oder Dinkelflocken rühren.*
2. *Statt mit Zitronenglasur können Sie die Muffins mit gehobelten Mandeln oder Pistazien bestreuen.*
3. *Anstelle der Muffinformen können Sie auch Papierkapselformen verwenden.*

Marillenbögen mit Topfenfüllung

Für etwa 15 Stück

Hefeteig

- 30 g Hefe
- 1 EL Zucker
- 250 ml lauwarme Milch
- 500 g Mehl
- 50 g zerlassene Butter
- 80 g Zucker
- 2 Eigelb
- 1 Pkg. Vanillezucker
- 1 Msp. Zitronenschale, gerieben
- 1 EL Rum
- 1 Prise Salz

Topfenfüllung

- 80 g weiche Butter
- 2 Eigelb
- 80 g Zucker
- 1 Msp. Zitronenschale, gerieben
- 2 EL Rum
- 1Pkg. Vanillezucker
- 200 g Topfen (Quark)
- 2 EL Speisestärke
- 1 Prise Salz

Weiteres

- 15 Marillenhälften
- 1 Ei zum Bestreichen
- 2 EL Marillenmarmelade zum Bestreichen
- 1 EL Mandelblättchen zum Bestreuen
- Staubzucker zum Bestreuen

Hefeteig

- Zerbröckelte Hefe und Zucker mit Milch vermischen. Das Dampfl 15 Minuten zugedeckt bei maximal 35 Grad aufgehen lassen.
- Mehl, Butter, Zucker, Eigelb, Vanillezucker, geriebene Zitronenschale, Rum, Salz zum Dampfl geben und vermischen.
- Den Teig mit der Küchenmaschine oder mit den Händen gut durchkneten bzw. schlagen, bis er sich von der Schüsselwand oder Arbeitsplatte löst.
- Den Teig mit Klarsichtfolie zugedeckt 15 Minuten aufgehen lassen.

Topfenfüllung

- Butter mit dem Schneebesen schaumig rühren, nach und nach Eigelb, Zucker, Zitronenschale, Rum und Vanillezucker unterrühren.
- Topfen und Speisestärke einarbeiten und salzen.

Fertigstellung

- Den Hefeteig etwa 3 mm dünn ausrollen und in 10 x 10 cm große Quadrate schneiden.
- Die Teigstücke mit 20 g Topfenfüllung bestreichen, einrollen und zu Bögen formen. Mit verquirltem Ei bestreichen und zwei Marillenhälften in die Mitte der Bögen legen.
- Die Bögen nochmals 5 Minuten gehen lassen und im vorgeheizten Backofen backen.
- Mit heißer Marillenmarmelade bestreichen, mit Mandelblättchen bestreuen und mit Staubzucker servieren.

etwa 180 Grad
etwa 20 Minuten

etwa 200 Grad
etwa 25 Minuten

TIPPS

1. *Sie können zur Füllung auch noch Haselnüsse, Walnüsse oder Pinoli geben.*
2. *Sie können die Hefeteigbögen auch nur mit Marillenmarmelade füllen.*

Marillenkrapfen

Für etwa 20 kleine Krapfen

Krapfenteig

200 g Mehl
2 Eigelb
60 ml lauwarmes Wasser
1 Prise Salz
1 TL Öl
1 TL Zucker
2 EL zerlassene Butter

Marillenfüllung

300 g Marillen
100 g Zucker
1 Pkg. Vanillezucker
1 EL Sultaninen, grob gehackt
100 g Brotbrösel
1 Msp. Zimt
1 EL Rum
1 Msp. Zitronenschale, gerieben

Weiteres

Backfett
Eiweiß zum Bestreichen
Staubzucker zum Bestreuen

etwa 190 Grad
etwa 3 Minuten

Krapfenteig

- Mehl in eine Schüssel geben. Eigelb mit Wasser und Salz verrühren und zusammen mit Öl, Zucker und zerlassener Butter zum Mehl geben. Kurz in der Schüssel vermischen und dann auf der Arbeitsfläche zu einem geschmeidigen Teig verkneten.
- In Klarsichtfolie einwickeln und bei Zimmertemperatur etwa 15 Minuten ruhen lassen.

Marillenfüllung

- Marillen waschen, halbieren, entsteinen und in kleine Würfel schneiden.
- Zucker, Vanillezucker, Sultaninen, Brotbrösel, Zimt, Rum und Zitronenschale dazugeben, gut vermischen und einige Minuten ziehen lassen.

Fertigstellung

- Den Krapfenteig halbieren, etwas flach drücken, mit Mehl bestauben und mit der Nudelmaschine dünn ausrollen.
- Auf die Hälfte des Teiges kleine Häufchen Marillenfüllung geben.
- Die Teigränder mit Eiweiß bestreichen.
- Den Teig zusammenlegen, mit den Händen die Ränder andrücken, mit dem Krapfenrad abrollen und auf ein Tuch legen.
- Die Krapfen im heißen Fett auf einer Seite knusprig braun backen, umdrehen und auf der zweiten Seite fertig backen. Auf Küchenkrepp abtropfen lassen, mit Staubzucker bestreuen und servieren.

TIPPS

1. *Vanillesauce, Zimtsauce oder auch eine Fruchtsauce passen gut zu den Krapfen.*
2. *Als weitere Zutaten für die Füllung eignen sich Haselnüsse, Walnüsse oder Pinoli.*
3. *Noch besser schmeckt die Füllung, wenn Sie anstelle der Brotbrösel süße Biskuitbrösel verwenden.*

Marillenbrötchen

Für etwa 20 Brötchen

Teig

250 ml	Milch
20 g	Hefe
30 g	Honig
250 g	Mehl
250 g	Weizenvollkornmehl
1	Eigelb
40 g	weiche Butter
1 EL	Rum
100 g	getrocknete Marillen (siehe Seite 76), in kleine Würfel geschnitten
15 g	Salz

etwa 180 Grad
etwa 10 Minuten

etwa 200 Grad
etwa 15 Minuten

Teig

- Milch erwärmen und mit zerbröselter Hefe und Honig verrühren, bis sich die Hefe aufgelöst hat.
- Mehl, Weizenvollkornmehl, Eigelb, weiche Butter, Rum, Marillenwürfel und Salz zur aufgelösten Hefe geben und alles zu einem geschmeidigen Teig verkneten.
- Den Teig mit einem Tuch zugedeckt bei maximal 35 Grad auf das doppelte Volumen aufgehen lassen.

Fertigstellung

- Den Teig teilen, zwei Stränge formen und in insgesamt 20 Stücke schneiden. Mit der Hand rundschleifen.
- Anschließend auf ein Backblech legen und zugedeckt an einem warmen Ort bei maximal 35 Grad nochmals etwa 20 Minuten gehen lassen.
- Im vorgeheizten Backofen backen.

TIPPS

1. *Sie können auch andere Trockenfrüchte wie Zwetschgen oder Datteln verwenden oder Nüsse (Haselnüsse, Walnüsse oder Mandeln).*
2. *Die Marillenbrötchen schmecken warm sehr gut zu einer kalten Vorspeise.*
3. *Die Brötchen nicht zu eng auf das Backblech legen, da sie beim Backen etwas aufgehen.*

Marillen-Streuselkuchen

Für 1 Backblech (40 x 30 cm)

Teig

220 g	weiche Butter
200 g	Zucker
1 Pkg.	Vanillezucker
1 Msp.	Zitronenschale, fein gerieben
1 Prise	Salz
4	Eier
½ Pkg.	Backpulver
150 g	Mehl
70 g	Speisestärke
50 g	Mandeln, gerieben
500 g	Marillen

Mandelstreusel

30 g	Zucker
50 g	Mehl
80 g	Mandeln, grob gerieben
100 g	kalte Butter

Weiteres

Butter zum Ausstreichen des Backblechs
Mehl zum Ausstreuen des Backblechs
Staubzucker zum Bestreuen

etwa 160 Grad
etwa 35 Minuten
etwa 180 Grad
etwa 40 Minuten

Teig

- Butter, Zucker, Vanillezucker, geriebene Zitronenschale und Salz mit dem Schneebesen oder dem Rührgerät schaumig rühren.
- Eier nach und nach einrühren.
- Backpulver sieben, mit Mehl, Speisestärke und Mandeln vermischen und unter die Buttermasse heben.
- Die Masse auf das mit Butter ausgestrichene und mit Mehl bestaubte Backblech streichen.
- Marillen halbieren, entsteinen und mit der Innenseite nach oben auf die Masse legen.

Mandelstreusel

- Zucker, Mehl, Mandeln und kalte Butter verkneten, zerbröseln und auf den Kuchen streuen.

Fertigstellung

- Im vorgeheizten Backofen backen.
- Den Kuchen mit Staubzucker bestreuen und servieren.

TIPPS

1. *Sie können den Kuchen mit geschlagener Sahne oder Vanillesahne servieren.*
2. *Ersetzen Sie die Marillen durch Äpfel, Birnen oder Zwetschgen.*

Gedeckter Marillen-Dattelkuchen

Für 1 Backblech (40 x 30 cm)

Mürbteig

280 g	Butter
140 g	Staubzucker
1 Msp.	Zitronenschale, gerieben
½ Pkg.	Vanillezucker
6	Eigelb
420 g	Mehl
1 Prise	Salz

Marillenfüllung

1,2 kg	Marillen
80 g	Zucker
½ TL	Zitronenschale, fein gerieben
1 TL	Ingwer, gerieben
100 g	getrocknete Datteln, in Würfel geschnitten
80 g	geriebene Mandeln oder Brotbrösel

Weiteres

	Butter zum Ausstreichen des Backblechs
	Mehl zum Ausstreuen des Backblechs
1	Ei zum Bestreichen
50 g	Mandelblättchen zum Bestreuen
	Staubzucker zum Bestreuen

Mürbteig

- Butter in kleine Würfel schneiden, mit Staubzucker, Zitronenschale und Vanillezucker in einer Schüssel so lange verkneten, bis keine Butterstücke mehr zu sehen sind.
- Eigelb, Mehl und Salz zugeben und zu einem Teig verkneten.
- Den Teig zugedeckt bei Zimmertemperatur etwa 1 Stunde ruhen lassen.

Marillenfüllung

- Marillen waschen, halbieren, entsteinen, in Scheiben schneiden und mit Zucker, geriebener Zitronenschale, Ingwer, Datteln und Mandeln vermischen.

Fertigstellung

- Die Hälfte des Teiges auf der bemehlten Arbeitsfläche in der Größe des Backbleches ausrollen.
- Auf das mit Butter ausgestrichene und mit Mehl bestaubte Backblech legen und die Teigränder an den Seiten hochdrücken.
- Die Marillenfüllung darauf verteilen.
- Den restlichen Teig ebenfalls ausrollen, mit dem Teigroller aufnehmen und als Deckel auf der Marillenfüllung abrollen, die Ränder andrücken.
- Den Kuchen mit Ei bestreichen, mit Mandelblättchen bestreuen und im vorgeheizten Backofen goldgelb backen.
- Mit Staubzucker bestreuen und servieren.

etwa 160 Grad
etwa 35 Minuten

etwa 180 Grad
etwa 40 Minuten

TIPPS

1. *Sie können den heißen Kuchen noch mit einer Zitronenglasur (siehe Seite 20) bestreichen.*
2. *Zimtsahne passt hervorragend zu diesem Kuchen.*
3. *Anstelle der Datteln eignen sich auch getrocknete Marillen oder Sultaninen.*

Marillentarte

FÜR ETWA 4 TARTE-FORMEN (12 CM Ø)

Zutaten

350 g	Blätterteig
200 g	Marzipanrohmasse
2 EL	Staubzucker zum Austreiben der Marzipanrohmasse
1 kg	Marillen
2 EL	Zucker

Weiteres

100 g	Marillenmarmelade zum Bestreichen
2 EL	geröstete Mandelblättchen zum Bestreuen
	Staubzucker zum Bestreuen
4 EL	geschlagene Sahne
1 Prise	Zimt zum Bestreuen

etwa 180 Grad
etwa 15 Minuten
etwa 200 Grad
etwa 18 Minuten

Zubereitung

- Blätterteig auf einer bemehlten Arbeitsfläche dünn ausrollen.
- Mit dem Teigrad Kreise (etwa 12 cm Ø) ausschneiden und in die mit Backpapier ausgelegten Tarte-Formen legen.
- Marzipanrohmasse mithilfe des Staubzuckers sehr dünn austreiben.
- Aus der Marzipanrohmasse ebenfalls mit einem Teigrad Kreise (etwa 8 cm Ø) ausschneiden und auf den Blätterteig legen.
- Marillen waschen, entsteinen und vierteln.
- Die Marillenviertel im Kreis gefächert, mit der Hautseite nach unten, auf den Marzipanboden legen, mit Zucker bestreuen und im vorgeheizten Backofen backen.
- Nach dem Backen sofort mit Marillenmarmelade bestreichen, mit Mandelblättchen und Staubzucker bestreuen und mit Sahne und Zimt servieren.

VARIATIONEN

Birnentarte: Anstelle der Marillen nehmen Sie Birnen.
Pfirsichtarte: Statt Marillen verwenden Sie Pfirsiche.
Pflaumentarte: Ersetzen Sie die Marillen durch Pflaumen.
Rhabarbertarte: Anstatt der Marillen verwenden Sie geschälte Rhabarberstücke.

TIPPS

1. *Sie können die Marillentarte vor dem Backen noch mit Sultaninen bestreuen.*
2. *Zur Tarte kann man auch Himbeer-, Mokka- oder Nougatsauce reichen.*
3. *Sie können zur Marillentarte auch Vanille- oder Mokkacreme, weiße oder dunkle Schokoladenmousse oder ein Fruchteis (z. B. Himbeereis) servieren.*

Marillenstrudel

FÜR 1 STRUDEL

Ziehteig

150 g	Mehl
80 ml	lauwarmes Wasser
1 TL	Öl
1 Prise	Salz
1 TL	Weißweinessig
	Öl zum Bestreichen

Marillenfüllung

600 g	Marillen
50 g	Pinoli
40 g	Biskuitbrösel oder Brotbrösel
180 g	Zucker, je nach Süße der Marillen
½ TL	Zimt
1 Msp.	Zitronenschale, gerieben

Weiteres

zerlassene Butter zum Bestreichen

Staubzucker zum Bestreuen

etwa 170 Grad
etwa 25 Minuten

etwa 190 Grad
etwa 30 Minuten

Ziehteig

- Mehl und Wasser mit Öl, Salz und Weißweinessig in einer Schüssel vermischen, dann auf dem Arbeitstisch zu einem glatten Teig kneten.
- Den Teig mit ein wenig Öl bestreichen und zugedeckt 20–30 Minuten bei Zimmertemperatur ruhen lassen.

Marillenfüllung

- Marillen waschen, entsteinen, vierteln und mit Pinoli, Biskuitbröseln, Zucker, Zimt und geriebener Zitronenschale vermengen.

Fertigstellung

- Den Ziehteig auf ein gut bemehltes Küchentuch legen, auf der Oberfläche gut mit Mehl bestauben und etwas ausrollen.
- Mit den Handrücken unter den Teig fahren und diesen nach allen Seiten vorsichtig ausziehen, bis er ganz dünn ist.
- Die Füllung auf dem Teig verteilen, die dicken Teigränder wegschneiden, das Tuch an den beiden oberen Enden nehmen und den Strudel so eng wie möglich einrollen. Mithilfe des Tuchs auf ein mit Butter bestrichenes Backblech heben und vorsichtig vom Tuch auf das Blech rollen.
- Den Strudel mit zerlassener Butter bestreichen und im vorgeheizten Backofen hellbraun backen.
- Mit Staubzucker bestreuen und lauwarm servieren.

TIPPS

1. *Dieser Strudel kann auch mit Mürbteig (siehe Seite 30) oder Blätterteig zubereitet werden.*
2. *Servieren Sie den Strudel mit Vanillesauce oder Weinschaum (siehe Seite 40).*

Mohnroulade mit Marillensahne

Für 1 Roulade

Mohnbiskuitroulade

3	Eigelb
40 g	Honig
1 Pkg.	Vanillezucker
4	Eiweiß
1 Prise	Salz
20 g	Zucker
70 g	Mohn, fein gemahlen
20 g	Mehl
1 Msp.	Zimt

Marillensahne

200 ml	Sahne
150 g	Marillenmarmelade

Weiteres

	Staubzucker zum Bestreuen
300 g	Marillenkompott (siehe Seite 68), in Würfel geschnitten
	Mohn zum Garnieren

etwa 180 Grad
etwa 6 Minuten

etwa 200 Grad
etwa 8 Minuten

Mohnbiskuitroulade

- Eigelb mit Honig und Vanillezucker im heißen Wasserbad warm und anschließend kalt schlagen.
- Eiweiß mit Salz aufschlagen, Zucker einrieseln lassen und schlagen.
- Eischnee unter die Eigelb-Honigmasse heben.
- Mohn, Mehl und Zimt vermischen und ebenfalls unterheben.
- Die Masse fingerdick auf ein mit Backpapier belegtes Blech streichen.
- Im vorgeheizten Backofen backen.
- Das Mohnbiskuit auf ein mit Zucker bestreutes Küchentuch stürzen. Das Backpapier vorsichtig abziehen und das Mohnbiskuit auskühlen lassen.

Marillensahne

- Die Sahne steif schlagen und mit Marillenmarmelade vermischen.

Fertigstellung

- Das Mohnbiskuit mit Marillensahne bestreichen, straff einrollen und mit Staubzucker bestreuen.
- Die Mohnroulade in Scheiben schneiden, mit Marillenkompottwürfeln anrichten und mit Mohn garniert servieren.

Tipps

1. *Sie können die Roulade auch nur mit Marillenmarmelade füllen.*
2. *Statt Mohnbiskuit können Sie Schokoladen- oder Haselnussbiskuit verwenden.*

Topfengratin mit Marillen

Für etwa 4 Personen

Topfengratinmasse

- 250 g Topfen (Quark)
- 40 g Speisestärke
- 40 g Staubzucker
- 2 Eigelb
- 2 EL Rum
- 1 Pkg. Vanillezucker
- ½ TL Zitronenschale, gerieben
- 2 Eiweiß
- 50 g Zucker

Pfefferminzöl

- 100 ml mildes Olivenöl
- 30 g Pfefferminze

Weiteres

- 400 g Marillen
- 4 EL Marillenmarmelade
- Butter zum Bestreichen der Teller
- Staubzucker zum Bestreuen

etwa 200 Grad
etwa 6 Minuten

etwa 220 Grad
etwa 8 Minuten

Topfengratinmasse

- Topfen mit Speisestärke, Staubzucker, Eigelb, Rum, Vanillezucker und geriebener Zitronenschale gut verrühren.
- Eiweiß anschlagen und mit 50 g Zucker zu Eischnee schlagen. Vorsichtig unter die Topfenmasse heben.

Pfefferminzöl

- Öl und Pfefferminze auf 80 Grad erwärmen und mit einem Stabmixer fein mixen. Anschließend durch ein feines Sieb passieren.

Fertigstellung

- Marillen waschen, entsteinen und eventuell in Spalten schneiden.
- Tiefe Teller mit Butter ausstreichen und Marillen hineingeben.
- Marillen mit Marillenmarmelade bestreichen und die Topfenmasse darauf verteilen.
- Bei starker Hitze im Backofen goldgelb überbacken.
- Topfengratin mit Staubzucker bestreuen, mit Pfefferminzöl garnieren und rasch servieren.

VARIATIONEN

Kirschgratin: Anstelle der Marillen verwenden Sie entsteinte Kirschen.
Erdbeergratin: Statt Marillen verwenden Sie geviertelte Erdbeeren.
Himbeergratin: Ersetzen Sie die Marillen durch Himbeeren.
Zwetschgengratin: Anstelle der Marillen verwenden Sie geviertelte Zwetschgen.

TIPPS

1. *Sie können die Topfengratinmasse auch in eine feuerfeste Form geben und dann überbacken.*
2. *Rahmeis (siehe Seite 62) oder Fruchteis passen hervorragend dazu.*

Gebackene Marillen mit Weinschaum

Für 4 Personen

Zutaten

- 8 Marillen
- ½ Zitrone, Saft

Backteig

- 150 g Mehl
- 140 ml Milch
- 2 Eigelb
- ½ Pkg. Vanillezucker
- 1 EL Walnussöl oder Pflanzenöl
- 2 Eiweiß
- 1 Prise Salz
- 1 EL Zucker

Weinschaum

- 1 Eigelb
- 2 EL Zucker
- 50 ml Weißwein

Weiteres

- Backfett
- Staubzucker zum Bestreuen
- Wiesensalbeiblüten und Zitronenverbene zum Garnieren

Marillen: etwa 190 Grad
Marillen: etwa 3 Minuten

Zubereitung

- Marillen entsteinen und mit Zitronensaft beträufeln.

Backteig

- Mehl in eine Schüssel geben und mit der Milch glatt rühren.
- Eigelb, Vanillezucker und Walnussöl einrühren.
- Eiweiß mit Salz aufschlagen, mit Zucker zu Eischnee schlagen und unter den Teig ziehen.

Weinschaum

- In einer Stahlschüssel Eigelb, Zucker und Weißwein vermischen.
- Über einem heißen Wasserbad (82 Grad) etwa 3 Minuten schaumig schlagen, bis der Weinschaum schön cremig ist.

Fertigstellung

- Die Marillenhälften mit der Gabel in den Backteig tauchen und im heißen Backfett schwimmend hellbraun backen.
- Auf Küchenkrepp abtropfen lassen.
- Die gebackenen Marillen mit Weinschaum anrichten, mit Staubzucker bestreuen und mit Wiesensalbeiblüten und Zitronenverbene garniert servieren.

TIPPS

1. *Sie können zu den gebackenen Marillen auch eine Vanille- oder Zimtsauce bzw. Zimteis servieren.*
2. *Statt Marillen können Sie auch andere Früchte wie Erdbeeren, Äpfel oder Birnen verwenden.*

Bratmarille mit Walnusseis

FÜR 4 PERSONEN

Bratmarille

12	Marillen
50 g	Zucker
½	Zitrone, Saft
50 g	Haselnüsse, grob gehackt
2 EL	Butter
1	Zimtrinde, kleines Stück

Walnusseis

400 ml	Milch
100 ml	Sahne
½ Pkg.	Vanillezucker oder 1 Vanilleschote
1 Prise	Salz
5	Eigelb
110 g	Zucker
60 g	Walnüsse, sehr fein gerieben

Weiteres

	Butter zum Ausfetten
4	Waldmeisterblüten zum Garnieren

etwa 160 Grad
etwa 15 Minuten
etwa 180 Grad
etwa 20 Minuten

Bratmarille (siehe vordere Umschlag-Innenseite)

- Marillen waschen und entsteinen, aber nicht ganz durchschneiden.
- Eine feuerfeste Form mit Butter ausstreichen und die Marillen hineinsetzen.
- Butterstückchen mit einem Löffel in die Marillenhälften füllen.
- Mit Zucker und Haselnüssen bestreuen.
- Zimtrinde auf die Marillen legen.
- Im vorgeheizten Backofen braten.

Walnusseis

- Milch mit Sahne, Vanillezucker und Salz aufkochen.
- Eigelb mit Zucker schaumig aufschlagen, in die kochende Milch rühren und bei mäßiger Hitze bis zur Rose (82 Grad) abziehen.
- Die Eismasse durch ein Sieb seihen, mit geriebenen Walnüssen vermischen und auskühlen lassen.
- Die Eismasse in die Eismaschine geben und gefrieren lassen.

Fertigstellung

- Die Bratmarillen auf Tellern anrichten, Walnusseis daraufsetzen und mit Waldmeisterblüten garniert servieren.

TIPPS

1. *Als Variation können Sie die Marillen auch mit Preiselbeermarmelade, Sultaninen, Pinoli, gehackten Mandeln, Walnüssen oder Marzipanrohmasse füllen und mit Rum oder Marillenlikör (siehe Seite 74) parfümieren.*
2. *Zu den Bratmarillen können Sie auch eine Vanillesauce servieren.*
3. *Servieren Sie zur Bratmarille gebackene Blätterteigblätter.*

Marillenpalatschinken

Für 4 Personen, 8 Stück

Palatschinken

100 g	Mehl
100 ml	Milch
1 EL	Zucker
1 Prise	Salz
3	Eier

Marillenlikörcreme

130 ml	Sahne
2	Eiweiß
60 g	Zucker
3 EL	Marillenlikör (siehe Seite 74)
1½ Blatt	Gelatine, eingeweicht und aufgelöst

Geschmorte Marillen

400 g	Marillen
1 EL	Butter
2 EL	Zucker
2 EL	Weißwein

Vanille-Milchschaum

100 ml	Milch
2 EL	Zucker
1 Msp.	Vanillemark

Weiteres

Butter zum Backen
Staubzucker zum Bestreuen
Zitronenmelisse zum Garnieren

Palatschinken: etwa 4 Minuten

Geschmorte Marillen: etwa 4 Minuten

Palatschinken

- Mehl mit Milch glatt rühren, Zucker, Salz und Eier unterrühren.
- In einer flachen Pfanne Butter erhitzen, etwas Teig hineingeben, dabei die Pfanne so bewegen, dass der Teig gleichmäßig verlaufen kann. Die Palatschinken auf beiden Seiten backen.

Marillenlikörcreme

- Sahne in einer Schüssel aufschlagen.
- Eiweiß mit Zucker zu steifem Eischnee schlagen.
- Sahne mit Marillenlikör, Gelatine und Eischnee locker verrühren, abdecken und kalt stellen.
- Die gestockte Marillencreme mit einem Löffel auf die Palatschinken streichen und vorsichtig einschlagen.
- Bis zum Servieren zugedeckt kalt stellen.

Geschmorte Marillen

- Marillen waschen, halbieren, entsteinen und vierteln.
- Butter schmelzen, Zucker zugeben und karamellisieren. Marillen dazugeben und etwas anbraten, mit Weißwein ablöschen und weich schmoren lassen.

Vanille-Milchschaum

- Milch, Zucker und Vanillemark auf 70 Grad erwärmen und mit dem Pürierstab fein aufschäumen.

Fertigstellung

- Palatschinken halbieren. Die warmen geschmorten Marillen auf Teller verteilen, Palatschinken darauf anrichten, mit Staubzucker bestreuen und mit Vanille-Milchschaum und Zitronenmelisse garniert servieren.

TIPP

Sie können die Palatschinken auch nur mit geschmorten Marillen füllen.

Portweinmarillen mit Mascarpone-Espuma

Für 4 Personen

Mascarpone-Espuma

220 ml	Milch
40 g	Staubzucker
30 ml	Limetten- oder Zitronensaft
20 g	Blütenhonig
175 g	Mascarpone
2	Sahnekapseln

Portweinmarillen

400 g	Marillen
100 ml	weißer Portwein
100 ml	Wasser
50 g	Zucker
1	Zitronenschale, kleines Stück
1	Orangenschale, kleines Stück
1	Gewürznelke
1	Zimtrinde, kleines Stück

Marillensauce

150 g	Marillenkompott
1 TL	Zitronensaft
30 g	Staubzucker

Weiteres

1 EL	geröstete Kokosflocken
	Staubzucker zum Bestreuen

Mascarpone-Espuma

- Milch, Staubzucker, Limettensaft, Blütenhonig und Mascarpone mit dem Schneebesen gut verrühren.
- Die Masse in eine Espumaflasche füllen. Den Spender mit zwei Sahnekapseln versetzen und etwa 30 Minuten kalt stellen.

Portweinmarillen

- Marillen entsteinen und vierteln.
- Portwein und Wasser auf ein Drittel einkochen lassen.
- Zucker, Zitronen- und Orangenschale, Gewürznelke und Zimtrinde dazugeben und nochmals aufkochen lassen.
- Marillen dazugeben und einige Minuten ziehen lassen. Auskühlen lassen.

Marillensauce

- Alle Zutaten mixen und durch ein feines Sieb seihen.

Fertigstellung

- Marillensauce und Portweinmarillen in Gläsern anrichten. Mit Mascarpone-Espuma und Kokosflocken garnieren, mit Staubzucker bestreuen und servieren.

Portwein-Marillen:
etwa 5 Minuten

TIPPS

1. *Servieren Sie die Mascarpone-Espuma mit Orangen- oder Mandarinensalat.*
2. *Anstelle von Marillen können Sie Zwetschgen, Trauben oder Erdbeeren verwenden.*
3. *Sie können die Marillen auch mit Rahmeis (siehe Seite 62), Walnusseis (siehe Seite 42) oder Zitroneneis servieren.*
4. *Verfeinern Sie die Marillen mit etwas Lakritze.*

Marillentiramisu

FÜR 4 PERSONEN

Biskuitroulade

- 1/2 Vanilleschote oder 1 Pkg. Vanillezucker
- 4 Eier
- 120 g Zucker
- 1 TL Zitronenschale, gerieben
- 1 Prise Salz
- 100 g Mehl
- 30 g Speisestärke

Topfencreme

- 1 Eigelb
- 1 Ei
- 70 g Zucker
- 250 g Topfen (Quark)
- 1 TL Rum
- 1 EL Marillenlikör (siehe Seite 74)
- 50 ml geschlagene Sahne

Weiteres

- 40 ml Espresso
- 200 g Marillenröster (siehe Seite 60)
- 1 EL geröstete Mandelblättchen zum Bestreuen
- 4 Waldmeisterblätter zum Garnieren
- Nelkenblüten zum Garnieren
- Staubzucker zum Bestreuen

etwa 180 Grad
etwa 8 Minuten

etwa 200 Grad
etwa 15 Minuten

Biskuitroulade

- Vanilleschote der Länge nach aufschlitzen und mit einem Messer das Mark herausschaben.
- Eier, Zucker, Vanillemark, Zitronenschale und Salz mit dem Handrührgerät schaumig rühren.
- Mehl und Speisestärke mischen und mit einem Kochlöffel unter die Eimasse heben.
- Die Masse gleichmäßig fingerdick auf das mit Backpapier ausgelegte Backblech streichen und sofort im vorgeheizten Backofen backen.
- Ein Küchentuch mit Zucker bestreuen, das heiße Biskuit darauf stürzen, Backpapier abziehen und das Biskuit auskühlen lassen.

Topfencreme

- Eigelb und Ei mit Zucker auf dem Wasserbad (82 Grad) schaumig aufschlagen, dann kalt rühren.
- Topfen, Rum und Marillenlikör unterrühren, Sahne unterheben.

Fertigstellung

- Aus dem Biskuit Kreise ausstechen, in Gläser legen, mit Espresso tränken und mit etwas Topfencreme bestreichen.
- Marillenröster daraufgeben und mit Topfencreme bedecken.
- Den Vorgang wiederholen. 2 Stunden kaltstellen.
- Mit Mandelblättchen, Waldmeister, Nelkenblüten und Staubzucker garniert servieren.

TIPP

Statt der Bikuitroulade können Sie Löffelbiskuits verwenden.

Marillenknödel auf Zimtsahne

FÜR 4 PERSONEN, ETWA 8 KNÖDEL

Kartoffelteig

400 g mehlige Kartoffeln
1 Eigelb
1 EL zerlassene Butter
120 g Mehl
Salz

Füllung

8 kleine Marillen
50 g Marillenmarmelade

Zimtsahne

100 ml Sahne
1 TL Zimt
1 EL Honig

Weiteres

1 TL Zimt
50 g Zucker
100 g Weißbrot, in kleine Würfel geschnitten und geröstet
50 g Butter zum Abschmälzen
Staubzucker zum Garnieren

Kartoffeln:
etwa 20 Minuten

Knödel:
etwa 15 Minuten

Kartoffelteig

- Kartoffeln schälen, in 2 x 2 cm große Würfel schneiden und in Salzwasser kochen. Abseihen und etwas ausdämpfen lassen (damit sie trockener sind).
- Kartoffeln durch die Kartoffelpresse drücken, mit Eigelb und zerlassener Butter verkneten und 15 Minuten auskühlen lassen.
- Mehl und Salz unter die Kartoffelmasse kneten.

Füllung

- Marillen waschen, trocknen, entsteinen und mit etwas Marillenmarmelade füllen.

Zimtsahne

- Sahne leicht anschlagen und mit Zimt und Honig verrühren.

Fertigstellung

- Den Kartoffelteig etwa 1 cm dick ausrollen und in acht gleich große Quadrate schneiden.
- Die Teigquadrate um die gefüllten Marillen wickeln, gut verschließen und zu Knödeln formen.
- Die Knödel in reichlich Salzwasser kochen.
- Zimt, Zucker und Brotwürfel vermischen und die Knödel darin wälzen.
- Zimtsahne auf Tellern anrichten, Knödel darauflegen, mit Staubzucker garnieren und servieren.

TIPPS

1. *Anstelle der Marillen können Sie Erdbeeren oder Zwetschgen verwenden.*
2. *Sie können die Marillenknödel auch mit Topfenteig (siehe Seite 52) zubereiten.*
3. *Verwenden Sie reife Marillen, dann können Sie den Zucker weglassen.*
4. *Statt Marillenmarmelade können Sie auch je einen halben Zuckerwürfel zum Füllen der Marillen nehmen.*

Vollkorn-Marillenknödel mit Mandelkrokant auf Beerenragout

FÜR ETWA 4 PERSONEN

Topfenteig

- 80 g weiche Butter
- 4 Eigelb
- 400 g Topfen (Quark), ausgedrückt
- 1 Pkg. Vanillezucker
- 1 Msp. Zitronenschale, gerieben
- 1 Prise Salz
- 180 g Vollkorn-Dinkelmehl

Knödel

- 8 kleine Marillen
- 100 g gehackte Mandeln, geröstet
- 50 g Zucker
- 1 TL Zimt

Weiteres

- 200 g Walderdbeeren, Schwarzbeeren, Himbeeren, Kirschen und Erdbeeren
- 4 EL Himbeermark
- 4 EL braune Butter
- Waldmeister zum Garnieren

Knödel: etwa 15 Minuten

Topfenteig

- Butter mit Eigelb verrühren, mit Topfen, Vanillezucker, Zitronenschale, Salz und Vollkorn-Dinkelmehl rasch zu einem Teig verkneten.
- Den Teig etwa 1 Stunde im Kühlschrank ruhen lassen.

Knödel

- Den Topfenteig 1 cm dick ausrollen und in acht gleich große Quadrate schneiden.
- Marillen waschen, trocknen und entsteinen.
- Die Topfenteig-Quadrate um die Marillen wickeln, gut verschließen und zu Knödeln formen.
- Die Knödel in reichlich Salzwasser kochen.
- Mandeln in einer Pfanne mit Zucker karamellisieren, etwas Zimt dazugeben und die Knödel darin wälzen.

Fertigstellung

- Die Beeren mit etwas Himbeermark marinieren und auf Teller verteilen.
- Die Marillenknödel eventuell halbieren, darauf anrichten und mit brauner Butter übergießen. Mit Waldmeister garnieren und servieren.

TIPPS

1. *Anstelle der Marillen können Sie Feigen oder Schwarzbeeren verwenden.*
2. *Sie können die Marillenknödel auch mit Kartoffelteig (siehe Seite 50) zubereiten.*
3. *Statt Vollkorn-Dinkelmehl können Sie Vollkorn-Weizenmehl oder Weizenmehl verwenden.*

Holunderblütengelee mit Marille und Sauerklee

Für 4 Personen

Läuterzucker

100 g	Zucker
100 ml	Wasser

Holunderblütengelee

3 Blatt	Gelatine
30 ml	Holundersirup
375 ml	Champagner oder Sekt

Weiteres

300 g	Marillen, in kleine Stücke geschnitten
200 g	Apfelperlen
20	Sauerkleeblätter
2	Holunderblüten zum Garnieren

Läuterzucker

- Zucker und Wasser aufkochen, bis der Zucker geschmolzen ist.

Holunderblütengelee

- Gelatine in reichlich kaltem Wasser etwa 20 Minuten einweichen.
- Läuterzucker und Holundersirup aufkochen lassen.
- Die eingeweichte Gelatine gut ausdrücken und darin auflösen.
- Champagner dazugeben, vermischen und im Kühlschrank etwa 1 Stunde gelieren lassen.

Fertigstellung

- Holunderblütengelee in Glasschalen oder tiefen Tellern füllen und mit Marillen und Apfelperlen belegen. Mit Sauerklee und Holunderblüten garnieren und servieren.

TIPPS

1. *Sie können anstelle des Holundersirups auch Minze- oder Melissensirup verwenden.*
2. *Anstelle des Champagners können Sie Weißwein verwenden.*
3. *Sie können dazu auch ein Vanilleeis servieren.*

Schupfnudeln mit geschmorten Marillen

Für etwa 4 Personen

Schupfnudeln

- 400 g mehlige Kartoffeln
- 1 EL zerlassene Butter
- 2 Eigelb
- 150 g Mehl
- 1 Prise Salz

Geschmorte Marillen

- 200 g Marillen
- 20 g Butter
- 2 EL Zucker
- 30 ml Weißwein

Weiteres

- 50 g Butter
- 50 g Weißbrotbrösel
- 50 g Zucker
- 1 TL Zimt
- 120 ml Vanillesauce
- 2 EL geröstete Mandelblättchen
- Staubzucker zum Bestreuen

Kartoffeln: etwa 20 Minuten

Marillen: etwa 5 Minuten

Schupfnudeln: etwa 5 Minuten

Schupfnudeln

- Kartoffeln schälen, in 2 x 2 cm große Würfel schneiden, knapp bedeckt in Salzwasser kochen. Abseihen und etwas ausdämpfen lassen (damit sie trockener werden).
- Kartoffeln durch die Kartoffelpresse drücken, mit Butter und Eigelb verkneten und auskühlen lassen.
- Mehl und Salz unter die Kartoffelmasse kneten.
- Aus dem Teig rasch gleich dicke Stränge (1 cm Ø) formen und in 2 cm lange Stücke schneiden. Zwischen den Händen zu 4 cm langen Nocken formen und auf ein mit Mehl bestreutes Tuch legen.

Geschmorte Marillen

- Marillen waschen, halbieren, entsteinen und vierteln.
- In einer Pfanne Butter schmelzen und Zucker darin karamellisieren lassen.
- Marillen dazugeben, mit Weißwein aufgießen und schmoren lassen.

Fertigstellung

- Butter schmelzen lassen, Weißbrotbrösel dazugeben und kurz rösten, Zucker und Zimt untermischen.
- Die Schupfnudeln in Salzwasser kochen, mit einer Schaumkelle herausnehmen, zu den Bröseln geben und kurz durchschwenken.
- Schupfnudeln mit geschmorten Marillen, Vanillesauce und Mandelblättchen auf Tellern anrichten, mit Staubzucker bestreuen und servieren.

TIPPS

1. *Wenn Sie die Kartoffeln mit der Schale kochen, bleibt der Teig besonders trocken und lässt sich besser verarbeiten. Zudem bleiben Geschmacks- und Nährstoffe besser erhalten.*
2. *Anstelle der Brotbrösel können Sie geriebene Haselnüsse verwenden.*

Marillencremeeis mit Ingwermarillen

FÜR 4 PERSONEN

Marillencremeeis

200 ml Milch
100 ml Sahne
1 Prise Salz
3 Eigelb
100 g Zucker
250 g Marillenkompott (siehe Seite 68)
1 EL Zitronensaft

Ingwermarillen

200 g Marillen
1 EL Ahornsirup oder Honig
1 EL eingelegter oder 1/2 EL frisch geriebener Ingwer

Weiteres

4 getrocknete Briochescheiben
Staubzucker
2 EL Holunderblüten oder Veilchen

Marillencremeeis

- Milch und Sahne mit Salz zum Kochen bringen.
- Eigelb mit Zucker schaumig rühren und zur Milch geben.
- Die Masse auf dem heißen Wasserbad zur Rose abziehen (etwa 82 Grad).
- Die gebundene Eismasse durch ein Sieb seihen und auskühlen lassen.
- Kompott mit Zitronensaft fein pürieren, durch ein Sieb passieren, zur Eismasse geben und in der Eismaschine gefrieren lassen.

Ingwermarillen

- Marillen mit der Aufschnittmaschine in dünne Scheiben schneiden, mit Ahornsirup und Ingwer vermischen.

Fertigstellung

- Briochescheiben zur Hälfte mit Staubzucker bestreuen.
- Die Ingwermarillen in Glasschüsselchen oder tiefen Tellern anrichten, mit Marillencremeeis, Holunderblüten und Briochescheiben servieren.

TIPPS

1. *Zur Rose erhitzen bedeutet, die Eimasse bis etwa 82 Grad oder bis kurz vor den Siedepunkt unter ständigem Umrühren erhitzen – nicht kochen.*
2. *Servieren Sie das Marillencremeeis zu Waldbeeren oder Marillenröster (siehe Seite 60).*
3. *Statt Brioche können sie auch andere Weißbrotsorten verwenden.*

Marillensorbet auf Marillenröster

Für 4 Personen

Marillenröster

- 20 ml Wasser
- 50 ml Weißwein oder weißer Portwein
- 120 g Gelierzucker
- 3 Gewürznelken
- 1 Zimtrinde, kleines Stück
- 1 Zitronenschale, kleines Stück
- 500 g vollreife Marillen

Marillensorbet

- 400 g Marillen
- 200 ml Wasser
- 100 g Zucker
- 80 ml Weißwein
- 2 EL Zitronensaft
- 2 EL Marillenlikör (siehe Seite 74)

Weiteres

- 4 Zitronenverbeneherzen zum Garnieren
- 100 ml Sekt

Marillenröster

- Wasser, Weißwein, Gelierzucker, Gewürznelken, Zimtrinde und Zitronenschale etwa 5 Minuten kochen lassen und abseihen.
- Marillen waschen, halbieren und entsteinen.
- Die Marillenhälften in den Sud geben und weich kochen, bis die Früchte fast zerfallen.

Marillensorbet

- Marillen waschen, halbieren, entsteinen und eventuell in Stücke schneiden.
- Wasser mit Zucker, Weißwein und den Marillen aufkochen.
- Auskühlen lassen, pürieren, mit Zitronensaft und Marillenlikör abschmecken und in der Eismaschine gefrieren lassen.

Fertigstellung

- Die Marillenröster in Glasschüsselchen oder tiefen Tellern anrichten und das Sorbet darauf anrichten. Mit Sekt aufgießen und mit Zitronenverbene garniert servieren.

Marillenröster Sud: etwa 5 Minuten
Marillenröster: etwa 12 Minuten
Marillensorbet: etwa 4 Minuten

TIPPS

1. *Für dieses Sorbet können Sie auch weiße Pfirsiche, Nektarinen, Zwetschgen usw. verwenden.*
2. *Das Sorbet in kalte Gläser spritzen oder mit Fruchtsaucen anrichten.*

Geeiste Rahmknödel mit Marillenkompott und Vanillesauce

FÜR 4 PERSONEN

Vanillesauce

1	Vanilleschote oder 1 Pkg. Vanillezucker
60 ml	Milch
50 g	Zucker
2	Eigelb
1 EL	Mohn, gemahlen
30 g	weiße Schokolade, geschmolzen (Kuvertüre)
125 ml	geschlagene Sahne

Rahmeis

500 ml	Milch
170 g	Zucker
1/2	Vanilleschote
200 ml	Sahne

Weiteres

100 g	geröstete Weißbrotbrösel zum Wälzen
50 g	Zucker zum Wälzen
1 Msp.	Zimt zum Wälzen
8	Marillenkompott (siehe Seite 68)
8	Waldmeisterblätter zum Garnieren

Vanillesauce

- Vanilleschote der Länge nach aufschlitzen, mit einem Messer das Mark herausschaben, zur Milch geben und erhitzen.
- Zucker mit Eigelb in einer Schüssel verrühren. Milch und Mohn dazugeben, gut verrühren, wieder in den Topf geben und rührend auf 82 Grad erhitzen, bis die Sauce bindet (zur Rose abziehen).
- Sofort in eine Schüssel geben, etwas auskühlen lassen und die geschmolzene weiße Schokolade unterrühren. Vollständig auskühlen lassen.
- Geschlagene Sahne unterheben.

Rahmeis

- Milch mit Zucker und der aufgeschlitzten Vanilleschote erhitzen. Abseihen und auskühlen lassen. Sahne dazugeben.
- Die Masse in einer Eismaschine gefrieren lassen.

Fertigstellung

- Das Rahmeis mit einem Eisportionierer zu Knödeln formen, auf einen Teller legen und im Gefrierschrank gut durchfrieren lassen.
- Brotbrösel mit Zucker und Zimt vermischen und die Rahmeisknödel darin wälzen.
- Vanillesauce auf Teller streichen.
- Geeiste Rahmknödel und Marillenkompott darauf anrichten und mit Waldmeister garniert servieren.

TIPPS

1. *Sie können dazu auch ein Kompott aus weißen Pfirsichen, Nektarinen, Zwetschgen, Kirschen usw. servieren.*
2. *Ersetzen Sie die Vanillesauce durch Fruchtsaucen wie Erdbeer-, Himbeersauce usw.*

Marillenpralinen

Für etwa 40 Stück

Pralinenhülle

- 150 g Bitterschokolade (Kuvertüre)

Füllung

- 250 g Bitterschokolade (Kuvertüre)
- 25 g Butter
- 4 EL Sahne
- 250 g Staubzucker
- 50 g Haselnüsse, grob gehackt
- 100 g getrocknete Marillen (siehe Seite 76), in kleine Würfel geschnitten

Pralinenhülle

- Bitterschokolade unter ständigem Rühren bei 45 Grad schmelzen und anschließend auf 32 Grad abkühlen lassen.
- Die Pralinenformen mit der temperierten Bitterschokolade ausstreichen und 1 Stunde im Kühlschrank fest werden lassen.

Füllung

- Bitterschokolade grob zerkleinern, mit Butter und Sahne in eine Stahlschüssel geben und im warmen Wasserbad schmelzen, bis die Zutaten gut vermischt sind.
- Die Schüssel vom Herd nehmen und nach und nach Staubzucker unterrühren.
- Haselnüsse und Marillen dazugeben.

Fertigstellung

- Die Pralinenfüllung in die Formen geben und glatt streichen.
- Im Kühlschrank etwa 6 Stunden fest werden lassen.
- Die Pralinen aus der Form stürzen und servieren.

TIPPS

1. *Sie können auch getrocknete Marillen halbieren und in temperierte Bitterschokolade (Kuvertüre) tauchen (siehe Foto).*
2. *Anstelle der Haselnüsse können Sie auch Mandeln oder Walnüsse verwenden.*

Marillen-Apfel-Mostarda

FÜR ETWA 1 KG

Zutaten

500 g	Marillen
200 g	Äpfel
100 ml	Wasser
250 g	Gelierzucker (1:1)
20 ml	Apfelessig
1 Msp.	Nelkenpulver
1 EL	rosa Pfeffer, zerstoßen
3 Tropfen	Senföl oder 1 Msp. Senfpulver

etwa 20 Minuten

Zubereitung

- Marillen entsteinen und in Würfel schneiden.
- Äpfel schälen, vierteln, entsteinen und in Würfel schneiden.
- Wasser, Gelierzucker und Apfelessig zu den Marillen und Äpfeln geben und weich kochen.
- Mit Nelkenpulver, rosa Pfeffer und Senföl abschmecken.
- Marillen-Apfel-Mostarda in sterile Weckgläser füllen und sofort luftdicht verschließen.

TIPPS

1. *Man kann zur Geschmacksverfeinerung etwas Sternanis zufügen.*
2. *Man reicht die Marillen-Apfel-Mostarda zu verschiedenen Käsen, gekochtem Rindfleisch oder Huhn.*
3. *Senföl erhalten Sie in der Apotheke.*

Marillenkompott

Für etwa 4 Gläser zu je 250 g

Zutaten

750 g	Marillen
250 ml	Wasser
80 g	Zucker (je nach Reife und Süße der Früchte)
30 ml	Zitronensaft

etwa 20 Minuten

Zubereitung

- Marillen waschen, halbieren und entsteinen.
- Wasser mit Zucker und Zitronensaft kurz aufkochen (etwa 2 Minuten) und bereitstellen.
- Marillenhälften in Weckgläser einlegen, mit Zuckersirup übergießen, bis alle Marillen bedeckt sind und gut verschließen.
- Legen Sie Küchenkrepp oder ein Küchentuch in einen Kochtopf und stellen Sie die gefüllten Weckgläser darauf. Füllen Sie nun den Kochtopf mit kochend heißem Wasser, bis die Weckgläser drei Viertel im Wasser stehen.
- Den Kochtopf mit einem Deckel schließen und das Kompott einwecken.
- Die Gläser aus dem Kochtopf nehmen und mit kaltem Wasser abschrecken.

Variationen

Marillen-Ingwer-Kompott: Würzen Sie das Kompott mit 50 g geschältem, in Scheiben geschnittenem Ingwer.
Marillen-Minze-Kompott: Geben Sie zum Kompott 1 Esslöffel fein geschnittene Pfefferminze.
Pfirsichkompott: Anstelle der Marillen verwenden Sie geschälte Pfirsiche.

Tipps

1. *Sie können die gefüllten Weckgläser auch im Dampfgarer bei 95 Grad sterilisieren.*
2. *Größere Marillen können Sie vierteln.*
3. *Weitere Geschmacksträger sind Zimtrinde und Gewürznelken.*
4. *Verwenden Sie das Marillenkompott als Beilage zu Schokoladenmousse, Topfensoufflé, Schmarren, Milchreis oder als Füllung für Omeletten.*
5. *Als Beilage zu Geflügel- oder Wildgerichten eignen sich Marillen besonders gut.*

Marillenmarmelade

Für etwa 4 Gläser zu je 250 g

Zutaten

1 kg vollreife Marillen
600 g Gelierzucker (1:1)

6–8 Minuten

Zubereitung

- Marillen waschen, halbieren, entsteinen und in große Würfel schneiden.
- Marillenwürfel mit Gelierzucker zum Kochen bringen und 6–8 Minuten kochen lassen (je nach Wassergehalt der Marillen).
- Die Marmelade in sterile Weckgläser füllen und sofort luftdicht verschließen.
- Nach dem Erkalten soll die Marmelade streichfähig sein.

TIPPS

1. *Eine gute Marmelade erhalten Sie nur mit vollreifen Früchten von guter Qualität.*
2. *Gelierprobe: Nach dem sprudelnden Kochen den Topf vom Herd nehmen und etwas Masse auf einen kalten Teller tropfen lassen. Wenn die Marmelade geliert und sich kein Wasserrand bildet, ist sie ausreichend eingekocht. Sollte die Gelierprobe nicht gelingen, muss man die Marmelade nochmals aufkochen bzw. die Gelierfähigkeit der Masse durch ein Geliermittel erhöhen und erneut eine Gelierprobe machen.*
3. *Marillenmarmelade kann man als Brotaufstrich oder zum Füllen von Gebäck und Omeletten verwenden.*
4. *Die Marmelade eignet sich sehr gut zum Füllen von Weihnachtskeksen.*
5. *Passieren Sie die Marmelade und füllen Sie damit Faschingskrapfen, Buchteln und Kuchen.*

Marillen-Molkedrink

FÜR 2 DRINKS

Zutaten

250 g Marillen
150 ml Molke oder Buttermilch
1 EL Zucker
4 Minzeblätter

Weiteres

2 Marillen-Waldmeister-Erdbeerspießchen

Zubereitung

- Marillen waschen, entsteinen und halbieren.
- Zusammen mit Molke, Zucker und Minze im Mixer gut mixen.
- In ein schönes Glas füllen und mit Marillen-Waldmeister-Erdbeerspießchen garniert servieren.

VARIATIONEN

Himbeer-Molkedrink: Statt Marillen verwenden Sie Himbeeren.
Erdbeer-Molkedrink: Ersetzen Sie die Marillen durch Erdbeeren.

TIPPS

1. *Statt Marillen können Sie auch Schwarzbeeren oder Johannisbeeren verwenden.*
2. *Ersetzen Sie die Minze durch Waldmeister.*

Marillenlikör

FÜR ETWA 750 ML

Zutaten

300 g Marillen
500 ml Marillenbrand (40 % Vol.)
200 g Zucker
3 Sternanis
2 Gewürznelken

Zubereitung

- Marillen waschen, halbieren und entsteinen.
- In ein Gefäß mit weiter Öffnung geben und vier Marillenkerne zufügen.
- Marillenbrand dazugießen und das Gefäß gut verschließen.
- Den Likör etwa 1–1 ½ Monate an einen dunklen, kühlen Ort stellen.
- Dann Zucker, Sternanis und Gewürznelken dazugeben.
- Die Mischung wiederum 2 Wochen stehen lassen.
- Durch ein mit einem Tuch ausgelegtes Sieb gießen.
- In Flaschen abfüllen, gut verschließen und etwa 5 Monate lagern.

VARIATIONEN

Pfirsichlikör: Statt Marillen verwenden Sie Pfirsiche.
Pflaumenlikör: Ersetzen Sie die Marillen durch Pflaumen.

TIPPS

1. *Verwenden Sie unbedingt vollreife Marillen.*
2. *Verwenden Sie den Marillenlikör für Cremen, Eis oder Mousse.*

Ziegenkäse-Marillenpralinen

FÜR 4 PERSONEN

Getrocknete Marillen

2 kg Marillen
50 ml Zitronensaft
3 EL Honig

Ziegenkäse-Marillenpralinen

200 g Ziegenfrischkäse
2 EL Pinoli, fein gehackt
Salz
Pfeffer aus der Mühle

Weiteres

80 g Pumpernickel, grob gerieben
Daikonkresse zum Garnieren
2 EL Olivenöl zum Garnieren

Backofen:
etwa 70 Grad
etwa 10–13 Stunden

Dörrgerät:
etwa 55 Grad
etwa 10–13 Stunden

Getrocknete Marillen

- Marillen halbieren, entsteinen und das Fruchtfleisch nach außen drehen.
- Die Marillenhälften mit Zitronensaft und Honig bestreichen.
- Nebeneinander mit Abstand auf ein Ofengitter bzw. auf das Gitter des Dörrgeräts legen (Innenseite nach oben).
- Das Gitter mit den Marillen in den auf niedriger Stufe vorgeheizten Backofen schieben oder im Dörrgerät trocknen lassen.
- Nach der Hälfte der Trockenzeit die Marillenhälften umdrehen, damit sie gleichmäßig trocknen. Die Früchte sind fertig, wenn sie noch weich, aber lederartig sind.

Ziegenkäse-Marillenpralinen

- Ziegenfrischkäse eventuell passieren, glatt rühren, Pinoli unterrühren und mit Salz und Pfeffer würzen.
- Aus der Ziegenkäsecreme kleine Kugeln formen und in 120 g gehackten getrockneten Marillen wälzen.

Fertigstellung

- Die Pralinen auf Tellern anrichten mit Pumpernickelbröseln, Daikonkresse und Olivenöl garniert servieren.

TIPPS

1. *Verwenden Sie die Ziegenkäsecreme als Brotaufstrich oder zum Füllen von Gebäck und Pfannkuchen.*
2. *Statt Pumpernickel können Sie Schüttelbrot verwenden.*

Marillen mit Roquefort, Kräutersalat und Pioipini

Für 4 Personen

Zutaten

150 g	Roquefort
8	Marillen
10 g	Kerbel
40 g	Vogelesalat (Feldsalat)
20 g	Radieschensprossen
100 g	eingelegte Piopini (Südlicher Ackerling) oder Pfifferlinge

Salatsauce

1 EL	Zitronensaft
	Salz
	Pfeffer aus der Mühle
1/4 TL	Senf
1 EL	Walnussöl
3 EL	Olivenöl

Zubereitung

- Roquefort in Würfel schneiden.
- Marillen entsteinen und vierteln.
- Kerbel, Vogelesalat und Radieschensprossen waschen.

Salatsauce

- Zitronensaft mit Salz, Pfeffer und Senf verrühren, Walnuss- und Olivenöl langsam einrühren.

Fertigstellung

- Roquefort, Marillenviertel und Piopini gleichmäßig auf Teller verteilen.
- Mit Kerbel, Vogelesalat und Radieschensprossen garnieren und mit der Salatsauce beträufelt servieren.

TIPPS

1. *Nach Belieben Tomaten- oder Peperonistreifen unter den Salat mischen.*
2. *Verwenden Sie nur reife Marillen.*
3. *Anstelle des Roquefort können Sie Camembert, Brie oder Gorgonzola verwenden.*
4. *Verwendungsmöglichkeit als kalte Vorspeise, für das Salatbuffet oder das kalte Buffet.*
5. *Sie können den Salat auch mit gerösteten Walnüssen oder Mandeln verfeinern.*

Marillen-Fenchel-Salat mit Garnelen

FÜR 4 PERSONEN

Garnelen

- 1 EL Olivenöl
- 12 Garnelen, küchenfertig
- Salz
- Pfeffer aus der Mühle

Marillen-Fenchel-Salat

- 2 Fenchelknollen
- 4 Marillen
- 40 ml Olivenöl
- 2 EL Zitronensaft oder Apfelessig
- Salz
- Pfeffer aus der Mühle

Weiteres

- Fenchelgrün zum Garnieren
- 2 EL Kräuteröl
- rote Pfefferkörner zum Garnieren

Garnelen: etwa 3 Minuten

Garnelen

- Olivenöl in einer Bratpfanne erhitzen, Garnelen salzen, pfeffern und braten.

Marillen-Fenchel-Salat

- Fenchelknollen putzen, mit der Aufschnittmaschine in feine Scheiben schneiden und 10 Minuten in Eiswasser legen, damit sie schön knackig werden.
- Marillen entsteinen und mit einem scharfen Messer in dünne Scheiben schneiden.
- Olivenöl mit Zitronensaft vermischen, mit Salz und Pfeffer würzen und den Fenchel damit marinieren.

Fertigstellung

- Fenchel- und Marillenscheiben auf Tellern anrichten.
- Den Salat mit der restlichen Marinade übergießen und gebratene Garnelen darauf anrichten. Mit Fenchelgrün, Kräuteröl und rotem Pfeffer garnieren und servieren.

TIPPS

1. *Zum Marillen-Fenchel-Salat passt eine Frischkäsemousse.*
2. *Als geschmackliche Ergänzung können Sie Walnüsse unter den Salat mischen.*
3. *Anstelle der Garnelen passt auch Rohschinken oder Speck hervorragend zum Salat.*

Gegrillter Kalbsfiletspieß mit Marillen

FÜR 4 PERSONEN

Gewürzmischung

- 1 EL Petersilie
- 1 TL Thymian
- 1 Knoblauchzehe
- schwarzer Pfeffer aus der Mühle
- 1 EL gerösteter Sesam
- 2 EL gebackene Zwiebelwürfel

Kalbsfiletspieß

- 400 g Kalbsfilet
- 200 g Marillen, in Stücke geschnitten
- Salz
- 2 EL Öl zum Grillen

Saubohnen

- 20 g Butter
- 200 g gekochte Saubohnen (Fave)
- Salz

Weiteres

- 2 EL Olivenöl
- 4 EL Kalbssauce
- 8 Schafgarbenblätter
- 4 lange Holz- oder Metallspieße

etwa 220 Grad

etwa 6 Minuten

Gewürzmischung

- Petersilie, Thymian und Knoblauch fein hacken, mit Pfeffer vermischen.
- Gerösteten Sesam und gebackene Zwiebelwürfel dazugeben und untermischen.

Kalbsfiletspieß

- Kalbsfilet zuputzen, in große Würfel schneiden und abwechselnd mit den Marillenstücken auf einen Holzspieß stecken.
- Die Spießchen salzen und mit etwas Öl grillen.

Saubohnen

- Butter in einer Pfanne schmelzen lassen und Saubohnen darin schwenken und leicht salzen.

Fertigstellung

- Gegrillte Spießchen mit der Gewürzmischung bestreuen und mit Saubohnen, Olivenöl, Kalbssauce und Schafgarbenblättern garnieren und servieren.

TIPPS

1. *Zum Kalbsfiletspieß passen gebratene Kartoffeln, Ofenkartoffeln, Peperonata oder Blattsalate.*
2. *Als geschmackliche Ergänzung für die Gewürzmischung können Sie Walnüsse, Kürbiskerne oder Pinoli verwenden.*
3. *Statt Kalbsfilet können Sie Schweins- oder Hirschfilet verwenden.*

Gebratenes Rehrückenfilet mit geschmorten Marillen

FÜR 4 PERSONEN

Zutaten

600 g	Rehrückenfilet
	Salz
	Pfeffer aus der Mühle
2 EL	Öl zum Anbraten

Geschmorte Marillen

2 EL	Zucker
50 ml	Weißwein
50 g	Butter
100 g	Marillen, in Spalten geschnitten

Weiteres

1 EL	Zitronenthymian, gezupft
2 EL	geriebenen Mandeln
200 g	Topinamburpüree
8	getrocknete Marillenscheiben zum Garnieren
100 ml	Wild- oder Kalbssauce
4	Thymianblüten zum Garnieren

etwa 140 Grad

etwa 15 Minuten (Kerntemperatur 52 Grad)

Zubereitung

- Rehrückenfilets von den gröbsten Sehnen befreien, mit Salz und Pfeffer würzen.
- In einer heißen Bratpfanne in etwas Öl auf allen Seiten anbraten und im Backofen fertig garen.

Geschmorte Marillen

- Zucker leicht karamellisieren lassen, mit Weißwein ablöschen und so lange kochen lassen, bis sich der Karamell gelöst hat.
- Butter und Marillen dazugeben und kurz garen (Achtung, die Marillen zerfallen sehr leicht!).

Fertigstellung

- Den Rehrücken mit etwas Karamellsauce von den geschmorten Marillen bestreichen, portionieren und auf Tellern anrichten.
- Zitronenthymian und geriebene Mandeln daraufsetzen.
- Mit karamellisierten Marillen, Topinamburpüree, getrockneten Marillenscheiben und Wildsauce anrichten, mit Thymianblüten garnieren und servieren.

TIPPS

1. *Als Beilage eignen sich Kartoffelgratin, Polenta, Spatzlen, Blaukraut usw.*
2. *Anstelle des Rehrückens können Sie auch Gams- oder Hirschrücken verwenden.*
3. *Sie können das Wildfleisch auch in Öl marinieren oder einfach nur in Buttermilch legen.*
4. *Für die getrockneten Marillenscheiben schneiden Sie die Marillen in hauchdünne Scheiben und lassen Sie sie im Backofen trocknen.*

Die Autoren bedanken sich bei den »So genießt Südtirol«-Partnern

www.forst.it

www.luchdapcei.it

www.galloni-meran.it

www.kueppersbusch.it

www.marmorundmarillen.com

www.meinbeck.com

www.naegele.it

www.niederbacher.it

www.pircher.it

www.resch.it

www.rieper.com

www.so-kocht-suedtirol.it

Kleines Küchenlexikon

In der Auflistung finden Sie Zubereitungsmethoden und handwerkliche Begriffe, die Ihnen in den Rezepten und im Kapitel Wissenswertes begegnen und über die Sie vielleicht noch einmal genau informiert werden möchten.

Ahornsirup	eingedickter Saft des Zucker-Ahorns
Espuma	mithilfe einer mit Gas gefüllten Kapsel wird eine flüssige Speise in einem Sahnesiphon aufgeschäumt
Krapfen	Gebäck aus verschiedenen Teigen (z. B. Hefeteig, Mürbteig, Brandteig), das in Fett schwimmend ausgebacken wird; gefüllt oder ungefüllt
Kuvertüre	Schokolade mit einem höheren Kakaobutteranteil zum Überziehen von Torten, Gebäck und Pralinen sowie zur Herstellung von Canache und anderen Cremen und Füllungen und von Dekors
Mostarda	in Senföl und Läuterzucker eingelegte Früchte; schmeckt süß-scharf und eignet sich sehr gut als Beilage zu Fleisch und Käse
Sternanis	Gewürz, wird vor allem in der chinesischen Kuche verwendet; schmeckt süß, lakritzartig, aber auch pfeffrig und säuerlich
Ziehteig	Strudelteig aus Mehl, Wasser, Öl, etwas Essig und Salz
Zur Rose abziehen	Eiermasse bis auf 82 Grad rührend erhitzen, ohne dass die Masse kocht; so bilden sich auf einem hineingetauchten Löffel beim Draufpusten rosenartige Kringel

Ländertypische Bezeichnungen

Öfters kommt es innerhalb der deutschsprachigen Länder zu Verwechslungen aufgrund von unterschiedlichen Benennungen. Die nachstehende Übersicht soll für Klarheit sorgen.

Südtirol/Italien	Deutschland
Brotbrösel	Semmelbrösel
Dampf	Hefeteigansatz
Eidotter	Eigelb
Eiklar	Eiweiß
Faschings-krapfen	Berliner
Germ	Hefe
Marillen	Aprikosen
Omelette	Pfannkuchen/Palatschinken

Südtirol/Italien	Deutschland
Peperoni	Paprikaschote
Pinoli	Pinienkerne
Rahm	Sahne
Topfen/Ricotta	Quark
Schwarzbeeren	Heidelbeeren
Staubzucker	Puderzucker
Vogelesalat	Feldsalat/Rapunzel
Zabaione	Weinschaum

Register

Stichwörter mit roten Seitenzahlen befinden sich im Rezeptteil. Stichwörter mit **schwarzen** Seitenzahlen befinden sich im Abschnitt »Wissenswertes«.